La mère d'Edith

Edith Fournier

La mère d'Edith

ÉDITION DU CLUB QUÉBEC LOISIRS INC.
© Avec l'autorisation de Libre Expression

ISBN-2-89111-156-7

Table des matières

CHAPITRE I

Une femme
pas comme les autres

UNE FEMME DIGNE

— Mes filles, vous pouvez être fières de votre mère, elle n'a pas versé une larme.

Debout dans sa cuisine, l'air digne dans sa robe brune, Maman venait de résumer en une phrase le drame de sa vie: la dignité à tout prix, au risque de faire taire son coeur.

C'était le jour des funérailles de Papa, ce vendredi d'avril. Cette mort mettait un terme à quarante et un ans de vie commune.

Pourtant, derrière cette tête grise un peu trop fièrement relevée, il y avait un oeil triste, un coin de bouche crispé et tiré vers le bas, comme si toute l'artillerie de contrôle dont disposait ma mère suffisait à peine à réprimer une certaine tendresse. Beaucoup de regret sans doute et un manque... irrécupérable, maintenant que Papa venait d'abandonner la partie!

Telle était ma mère, particulièrement dans les situations d'urgence, particulièrement dans les gran-

11

des occasions, particulièrement... quand il y avait du monde!

Elle était de ces femmes qui avaient comme mandat de briser la chaîne des générations issues de la misère, de l'oppression, du vide culturel. Ma mère s'était donné comme mandat de mettre trois filles au monde et d'en faire des femmes debout, autonomes, fières et dignes, fidèles à ses aspirations. Et elle mit au monde Monique, Claire et Édith. Ce mandat, c'est au prix de sa joie profonde qu'elle allait l'accomplir, au prix de ses espérances de bonheur, d'amour et de romantisme, au prix de tant de regrets accumulés dans cette mort subite.

Au salon funéraire, Maman s'évertuait à recevoir les gens, à les bien recevoir, à bien faire les choses, à se présenter comme doit le faire une femme qui a appris par elle-même les bons usages. Elle était occupée à montrer ses filles et ses petits-enfants. Comme il se doit, elle s'obligeait à faire la part des choses le plus objectivement possible, de ce qu'il y avait d'absurde et d'inévitable dans cette mort venue trop tôt...

— Si seulement Georges avait voulu m'écouter et vivre raisonnablement! Il fumait beaucoup trop... Combien de fois je le lui ai dit... Puis la bière, ça n'a jamais été bon pour lui... Mais, que voulez-vous...? il ne voulait rien entendre de ce que je lui disais!

La famille passée en revue, la réussite ne manquait pas d'impressionner. Les choses étaient bien faites et la progéniture impeccable. Mais, à ce palmarès éblouissant, manquait une fille, la plus jeune, «le bébé», comme elle s'oubliait encore à le dire, même si le «bébé» approchait la trentaine. Cette fille, c'était moi. Curieusement malade depuis quinze jours, je ne pouvais pas participer à ce tableau où défilaient en ordre petits et grands, succès et regrets.

UNE FEMME DE RAISON

Ma maladie permettait à Maman de relativiser ces soi-disant moments dramatiques et de m'affranchir à mes yeux et à ceux des autres:

— Toutes ces cérémonies autour de la mort sont ridicules! Soigne-toi, c'est ça le plus important. On se passerait bien de tout ce fla-fla. Après tout, quand une personne est morte, elle est morte... Ça ne sert à rien d'en faire un drame!

C'est sans doute ce même rationalisme qui lui avait permis d'exiger de nous, ses trois filles, plus que ce que sa tendresse ne lui aurait permis. Forte de son mandat, femme de devoir, il ne serait pas dit qu'elle aurait failli à la tâche. On aurait beau la traiter de folle, d'avant-gardiste, elle suivrait ses intuitions, même si elle devait être seule à y croire. Et, parmi ses intuitions, il y avait la fermeté avant toute chose, reléguant aux gens simples et peu ambitieux le sens de l'indulgence.

Certes, Monique, l'aînée de nous trois, la grande fille sage dont le rôle officiel fut de donner l'exemple, Monique n'a pas encore oublié le sac de bonbons gracieusement offert aux chiens et chats de la ruelle, peu friands de cette pâture. Il fut expédié sans merci de la fenêtre du deuxième étage parce qu'elle avait arpenté de long en large les banquettes et agenouilloirs de l'église Saint-Jean-de-la-Croix, cet après-midi de printemps. Elle avait trois ans et la prière à l'église ne l'intéressait guère. Elle avait osé braver le regard sévère de Maman qui, sans équivoque, lui signifiait de venir se recueillir sagement près d'elle. Dans cette église désertée à cette heure du jour, elle espérait, au fond de ses convoitises de petite fille, que la fermeté de ma mère épargnerait au moins le sac de bonbons.

Un sac de bonbons... C'était un écart si rare dans le régime strict de santé auquel nous avons toujours été soumises!

UNE FEMME AVANT-GARDISTE

Assidue de l'école des parents, grugeant les miettes du maigre salaire d'accordeur de piano de mon père, elle faisait évaluer ses filles par les psychologues. Maman était de celles qui, vingt ans trop tôt, croyaient aux vertus de l'école parallèle, aux dangers d'un système scolaire uniforme, à l'importance des «grands maîtres» comme figures d'identification. Et ces convictions peu communes à l'époque en matière d'éducation nous valurent, à mes soeurs et à moi, d'être plus d'une fois coincées entre les exigences de l'école et celles de ma mère.

L'épisode du concours de crèches est révélateur des options éducatives de ma mère... Un épisode dramatique dans ma vie d'écolière et plus encore dans celle de ma soeur Claire.

Chaque veille de Noël, l'école Sainte-Gertrude, l'école du village quand nous avions six et dix ans, organisait un concours de crèches. Quel enfant ferait la plus belle crèche?... Or, c'était bien connu, ma soeur Claire avait un talent particulier pour tout art plastique. Plus d'une fois, elle avait fait preuve d'une imagination créatrice qui lui avait valu la reconnaissance de ses professeurs d'art. Soucieuse de laisser ses enfants s'exprimer en liberté, Maman avait appris à ne jamais intervenir dans nos activités de création, sinon pour nous encourager à poursuivre. Elle avait un respect sacré de nos moindres performances artistiques. Aussi laissa-t-elle ma soeur libre de concevoir, de fabriquer et de présenter sa crèche à son goût. Ce qui donna (autant que ma mémoire d'il y a plus de trente ans se souvienne) un ensemble remarquable de petits personnages de plasticine colorés et expressifs, naïfs et touchants comme peut l'être l'imagerie d'un enfant de dix ans.

Le jour de la remise des prix venu, le choix des religieuses se porta sur une énorme crèche de fabrication sans aucun doute professionnelle, aux personnages de plâtre «Made in Woolworth», au toit de chaume en rotin parsemé ici et là de naphtaline, palme curieusement remportée par le fils d'un menuisier particulièrement généreux envers l'église de la paroisse. Pour Claire, non seulement aucune mention, mais encore avait-on relégué son oeuvre dans un petit coin obscur, là où, visiblement, la chose n'avait aucune chance d'être remarquée. Or, je crois sincèrement qu'en matière d'expression et de créativité la crèche de ma soeur l'emportait de plusieurs coudées sur les traductions plus ou moins habiles des images commerciales qui ont nourri notre folklore du temps des fêtes.

J'avais perçu, chez ma mère, au fur et à mesure de la lecture du palmarès, le creusement connu d'une certaine ride entre les yeux, et un pincement de bouche qui n'avait rien d'engageant. Inutile de dire qu'une fois les récompenses distribuées ma mère se réservait, auprès de la directrice de l'école, un petit entretien dont elle maniait l'art admirablement.

Je ne saurais rapporter l'ensemble des propos. Ma gêne et mon désir d'être ailleurs et plus petite avaient totalement désorganisé et enrayé l'ensemble de mes circuits auditifs. Je savais qu'on ne devait pas traiter la colère de ma mère à la légère lorsqu'une de ses filles, de près ou de loin, était en cause, ou, encore pis, était lésée.

Tapie dans un coin de la grande salle, tiraillée entre la honte et une vague fierté d'avoir une mère qui n'en laissait pas passer une, je serrais la bouche pour mieux m'avaler et je roulais des yeux terrifiés. Je ne me souviens plus très bien, mais je crois que ma soeur devait être à côté de moi, tout aussi terrorisée que moi, et probablement réduite elle-même à ma hauteur.

Je sais seulement que, ce soir-là, nous avons rapporté nos affaires et nous sommes rentrées à la maison: Maman nous avait toutes deux retirées de l'école... au désespoir de Papa qui préférait ne pas s'en mêler!

C'était plus de temps qu'il n'en fallait à ma mère pour trouver une autre école: elle disposait du temps des fêtes!

C'est ainsi que notre scolarité à l'école du village prit fin et que nous nous retrouvâmes toutes deux externes au pensionnat Marie-Rose. C'était une institution privée mieux tenue, semblait-il, que l'école publique; l'éducation y serait certes de meilleure qualité.

— Cela coûtera ce que ça coûtera, on se privera sur le steak (on s'en privait déjà!), mais il ne sera pas dit que mes filles seront victimes de bonnes soeurs ignorantes comme ça.

Je suppose que mon père faisait déjà des prouesses vertigineuses pour placer les trois ou quatre pianos qu'il devrait accorder en supplément le soir pour nous garder dans ce pensionnat sélect.

Le lendemain des Rois, j'ai troqué la robe noire à la devanture de planche à laver et au col de celluloïde qui sciait le cou, pour une autre robe noire de couventine au petit col de coton blanc, détachable pour le laver chaque soir, et élégamment bordé d'une dentelle fine.

TENDRE PARFOIS...

De ce séjour à Marie-Rose, j'ai peu de souvenirs de ma mère, mais je garde encore frais celui du voyage en tramway, qui, une fois de plus, révèle bien de quelle trempe elle était.

De la maison de Montréal-Nord aux rues Rachel et Saint-Denis, il fallait compter une heure quinze de voyage en tramway puis, si la correspondance coïncidait, une autre demi-heure d'autobus local. Quand, par malheur, nous rations l'autobus Inter-Cité, il fallait attendre une heure chez Lesage, la «binerie» du roi des patates frites.

Nous avions, ma soeur et moi, onze et sept ans. Depuis ma naissance, ma pauvre soeur avait la corvée de me traîner partout. C'est donc elle qui assumait la responsabilité de veiller sur moi pendant ce long retour à la maison, les allers étant légendairement, de l'école de l'Éveil à l'université, pris en charge par mon père. Se posa donc rapidement la question de mes retours, advenant que ma soeur fût malade, ce qui ne manqua pas d'arriver. Pas question que la maladie de l'une empêche l'autre d'aller à l'école!

J'étais certaine que je pouvais faire le voyage seule, même s'il faisait noir. J'en rêvais! Rassurée par une plaidoirie au cours de laquelle je me suis dépassée, ce jour-là ma mère prit le risque de me laisser revenir seule.

Prudente, au milieu de la rue Saint-Denis, j'attendais mon tramway, le 68, qui me conduisait au bout de la ligne, ou le 72, qui commandait une correspondance à Crémazie. Je déclinais intérieurement le nom de chaque rue, dans l'ordre, réussissant même à ne pas confondre Guizot et Gounod. Assise sur mon banc, je roulais des yeux, question d'afficher l'air d'une voyageuse expérimentée. Il me semblait que le siège de bois verni au dossier canné n'était jamais si confortable que lorsqu'on était seule à l'occuper!

Curieusement, ce jour-là, j'avais choisi de m'installer dans le premier wagon alors qu'il était bien plus drôle de tenter d'obtenir une place dans le second, tiré par le premier. Une prudence de bon aloi, je suppose, m'avait incitée à ne prendre aucun risque pour cette première fois et à enjamber le premier marchepied venu.

Tout s'est passé admirablement jusqu'au terminus, où, après avoir escaladé le banc pour tirer le cordon de la clochette, j'aperçus, à ma plus grande consternation, ma mère qui attendait aussi son tour pour descendre, dans le wagon qui suivait. Et je n'avais pas encore traversé l'étape de l'autobus Inter-Cité!

Il m'a semblé que ma face, légendairement fière et ronde, prît alors la forme d'une poire anormalement allongée, pétrie de colère et de regret. Je ne lui pardonnais pas d'avoir mis en doute mes aptitudes à me débrouiller seule. Et pourtant, chaque fois que je revois son visage fier et souriant, de l'autre côté de la vitre du tramway, secoué à contretemps de mon wagon, j'entends une vague de fond de tendresse qui enveloppe mon souvenir de petite fille. Elle avait dû partir de Montréal-Nord vers deux heures pour se trouver au coin du couvent à quatre heures, soigneusement cachée de coin de rue en coin de rue, d'arbre en arbre, pour me suivre, me regarder de loin voler de mes propres ailes. Et cette fière tendresse qui m'habite aujourd'hui et imprègne mon regard sur mes enfants, n'est-ce pas aussi un peu de la sienne, ce jour-là?

Le souper fut occupé par le récit de mon voyage, de ma prudence et de ma responsabilité exemplaires, sans oublier le détail de ma figure déconfite; j'avais passé l'épreuve, je pouvais désormais voyager seule.

Mes retours de Marie-Rose ne durèrent que quelques mois. Vint la séance de fin d'année où j'avais à décliner, au signal de la soeur responsable du théâtre, que la mère Marie-Rose fourrait d'ouate certains chocolats pour jouer de bons tours à ses compagnes. Cette répartie fut jugée insignifiante par ma mère, ce qui l'incita à évaluer que cette institution ne valait pas mieux que l'école du village pour stimuler la créativité de ses filles. En septembre suivant, elle avait décidé de nous inscrire en cours privés le matin et de veiller elle-même à notre formation musicale, artistique et théâtrale l'après-midi, partageant ainsi avec de grands maîtres le tracé de notre éducation.

Elle optait, vingt ans avant les autres, pour un mode d'éducation qui lui valut la condamnation et de la famille et des institutions en place, à l'exception, bien entendu, des pionniers en matière d'éducation par l'art, et des protagonistes de la confiance dans les capacités des enfants à s'autoéduquer.

La détermination, l'énergie et l'investissement qu'elle consacrait à l'éducation de ses filles ne pouvaient qu'engendrer, une fois l'âge adulte atteint, certaines flammèches parfois foudroyantes. Elle avait toujours eu le contrôle du devenir de ses filles et entendait bien le garder en dépit de leurs aspirations à l'autonomie.

Je reconnais d'emblée qu'il n'est pas indifférent, pour une femme de cette nature, de perdre d'un seul coup deux de ses filles. Au printemps de ma troisième année d'université, j'annonçais mon mariage pour juin suivant. À quelques semaines d'écart, ma soeur Claire annonçait le sien pour septembre. Nous étions toutes deux bien conscientes de l'impact du vide futur que cela produisait chez elle et de la perspective d'un avenir en tête à tête avec Papa. Mais quand on a vingt-deux ans, qu'on a l'esprit et le coeur au mariage prochain, sans compter les études universitaires que l'on se doit de réussir pour partir tranquille en voyage de noces, on a du mal à saisir l'importance d'un tel changement chez une mère qui garde secrète, avec son cran habituel, la profondeur du trou que nos départs creusent dans son ventre.

Devant nous elle encaissait, mais elle réussit à convaincre ses confidentes, avec une persuasion dont elle détenait le secret, qu'elle était victime d'une ingratitude qui n'avait d'égal que le dévouement auquel elle s'était contrainte toute sa vie. À nous, elle ne disait rien, mais certaines allusions échappées ici et là par ses amies nous laissaient entendre sans équivoque que, vraiment, nous aurions pu avoir plus de coeur et de reconnaissance.

Petite étudiante à l'université, sans un sou comme peuvent l'être les étudiants fils et filles d'ouvrier, il était bien évident que ce mariage devrait se faire aux moindres frais. Mes parents n'avaient pas les moyens de «marier» leur fille. Nous inventerions une formule économique qui nous convenait d'ailleurs parfaitement. Nous disposions d'un grand terrain, une réception à trois heures de l'après-midi nous épargnerait les frais d'un repas... Une noce sur l'herbe, comme à la campagne, ce serait épatant... pour peu que le beau temps nous favorise.

J'avais rêvé d'une robe blanche, simple... mais je n'avais pas les moyens de m'offrir la plus petite toilette. Quelque chose en moi me poussait à insister auprès de Maman pour qu'elle m'habille, ce jour-là. Ce serait la dernière fois!

Elle résistait, se disant incapable de faire une robe de mariée.

— Ça m'énerve trop, ma fille, je pourrais la manquer. Tu n'y penses pas, une robe de mariée... Je ne serai pas capable!

— Oui, mais je suis prête à prendre le risque... J'y tiens, à ce que ce soit toi qui fasses ma robe!

C'était une rengaine connue. À chaque robe, elle paniquait, puis produisait finalement les plus jolis ouvrages qui soient. C'était un dernier vestige de mon lien avec elle que cette robe de mariée!

J'y tenais… Je tenais à pouvoir dire que, jusqu'au bout, Maman m'avait habillée.

D'un jour à l'autre, de toute évidence, cette robe la mettait dans un état d'angoisse à peine supportable. De sorte que le jour où elle confia la finition du voile et de la robe à une amie couturière expérimentée, j'en fus presque soulagée. J'avais misé trop grand, trop fort, trop profond. Et cela me rendait triste et coupable.

Deux semaines avant notre mariage, nous avions pris rendez-vous, mon mari et moi, avec le curé de la paroisse pour déterminer les dernières dispositions de la cérémonie: choix des textes, musique et liturgie. Je décèle un malaise évident chez le curé, qui dit finalement:

Écoutez, votre démarche me surprend un peu… Votre mère est venue hier prendre toutes les dispositions pour la cérémonie du mariage. Nous avons convenu que…

Je n'en reviens pas! Je suis hors de moi, j'ai les larmes aux yeux. Elle ne m'a rien dit, elle m'a devancée pour être certaine que les choses allaient se passer tel qu'elle l'avait décidé. Nous sommes à la fois vexés, décontenancés, déçus et enragés.

— Oubliez tout ce que ma mère a décidé, c'est à nous de choisir ce que nous voulons…

Visiblement, le curé est fort mal à l'aise, mais il devine ce que contient cet imbroglio!

De retour à la maison, j'inonde Maman de reproches:

— Non, mais de quoi te mêles-tu? C'est *mon* mariage, tu décides tout, tu ne me mets au courant de rien... Laisse-moi au moins me marier à mon goût, bon sang!

À vue d'oeil, elle se transforme en victime, elle se courbe et se plaint:

— Est-il possible de penser qu'un jour mes enfants, à qui j'ai tout donné, pourraient me traiter de la sorte alors que je voulais seulement te rendre service, ma petite fille!

Je suis déchirée, je tremble de rage et d'impuissance devant cette femme hors de combat que j'attaque à cause de son extrême dévouement, de sa totale grandeur d'âme; j'ai l'impression de gâcher mes derniers jours de fille de la maison. Tordue de malaise, je m'enferme dans ma chambre et je pleure tout mon soûl.

J'en ressors deux heures plus tard, à peine remise. Maman est partie on ne sait où. Dix heures, onze heures, minuit... Elle n'est toujours pas là! À fouiller dans sa chambre à la recherche de quelque indice, on s'aperçoit qu'elle a pris sa valise. Toute la journée du lendemain a été occupée à téléphoner ici et là, sans alerter les gens, sans déclarer l'affaire. On la trouve enfin à Rawdon, où elle s'est réfugiée dans une maison de chambres.

Je comprends qu'elle ait besoin de repos. De mon côté, veiller aux derniers préparatifs sans elle me détend un peu. Elle nous fait savoir qu'elle n'assistera pas au mariage puisque personne ne veut plus d'elle. Une semaine passe, puis... Lundi, mardi, mercredi... Elle ne se manifeste d'aucune façon. Je commence à me faire à l'idée de me marier sans ma mère. C'est bien triste, un mariage sans la mère! Monique, ma fidèle grande soeur, est là. Elle compense, elle comprend, elle me donne le support et l'affection qui me permettent tout de même de me préparer dans une relative sérénité. Je sens qu'elle fait tout ce qu'elle peut pour sauver mon mariage. Papa est là, lui aussi, présent mais chagriné, doublement triste: il va perdre sa fille et il ne trouve plus sa femme. Il ne comprend plus... Il est très seul!

Jeudi soir, Maman rentre à la maison... comme ça, sans dire un mot. Je crois que je suis exempte de vivre un mariage sans mère. Elle est muette, absente; elle est seulement là, lourde, chargée de reproches.

Chacun fait ce qu'il peut pour éviter l'éclat.

Samedi, deux heures, dans ma robe blanche, je m'avance vers l'autel pour sceller mon départ de la famille. Tout se passe sans encombre, gaiement, malgré la tension flottante et un orage diluvien qui a failli inonder le jardin. Finalement, un peu de soleil, les photos, la table des cadeaux, le petit goûter et la chaleur des amis et des parents... Et puis la fierté de mon père, le vertige de quitter la maison paternelle avec un compagnon qui prend le risque avec moi...

Au moment du départ pour mon premier voyage en dehors de la famille, j'ai le coeur gros en embrassant Papa.

— Tu en prendras bien soin, dit-il à mon mari. C'est mon bébé, oublie-le pas!

Ses yeux bleus baignent dans l'eau, il ne s'en cache pas.

J'ai dû embrasser Maman, bien sûr, mais je ne m'en souviens pas.

C'est en embrassant Monique que mon coeur s'est mis à enfler. Je n'avais pas prévu que c'est en la quittant, elle, que l'arrachement de la fille à la mère se produirait.

En voyage de noces, lorsque je penserai à «chez nous», c'est Papa et surtout Monique qui me manqueront.

Cet épisode dans ma vie de jeune fille est, je crois, tout à fait révélateur de l'ambiguïté de mon lien avec ma mère. J'avais encore grandement besoin d'elle tout en la redoutant des mille pores de ma peau. Le tissage de nos liens ressemblait au tricot d'une débutante: tantôt lâche, tantôt trop serré. De sorte que, tout compte fait, je me sentais étriquée dans ce corsage troué, à moitié nue et vulnérable, à moitié emmaillotée et blindée. Il y avait là un savant mélange de besoin, d'attachement, de haine et de révolte. Le tout gardé secret, au nom d'un silence qui se voulait avant toute chose gardien d'une harmonie nécessaire. Les quelques explosions dont j'ai souvenance se produisaient dans les grandes occasions: communion, graduation, mariage. À la veille de la quitter, je lui reprochais de me voler mon mariage. Alors même que j'avais rêvé qu'elle m'habille en mariée!

Une fois ses filles éduquées, instruites, mariées, elle s'acharna avec la même ardeur sur sa croissance personnelle. À soixante ans, elle s'inscrivit à des cours de yoga, de méditation transcendantale, d'alimentation naturelle, et tourna le dos à ses pratiques religieuses d'antan.

Papa n'y comprenait rien mais ne s'étonnait plus:

— Tu connais ta mère... (Soupir!)

Évidemment, elle ne supportait plus du tout l'odeur du cigare ni le ton des parties de hockey, de sorte que, malgré le purificateur d'air et les écouteurs, que Papa oubliait d'ailleurs régulièrement d'utiliser, la vie commune n'était plus très drôle à la maison paternelle.

Maman se plongea dans la lecture du *Cri primal* de Janov et se mit à fréquenter des personnes qui allaient vivre avec Mère Teresa en Inde...

Sa chambre sentait l'encens, elle marchait deux heures par jour, faisait grand état de sa souplesse «pour son âge» et boudait publiquement l'«Âge d'Or» et ses parties de cartes.

On ne peut pas dire qu'elle fût une petite vieille rangée. Elle se débattait encore, poursuivait avec acharnement des objectifs d'épanouissement de sa personnalité et donnait l'impression de courir, courir sans répit... après un bonheur inaccessible.

Ma mère était donc, il faut le reconnaître, un personnage dont la détermination n'avait d'égal que sa motivation à sortir d'une enfance où le mépris, la honte et la retenue avaient tissé la toile de fond. Là-dessus s'était greffé un idéal d'harmonie conjugale et d'affection auquel, me semble-t-il, elle résolut de renoncer assez tôt. Il ne lui restait plus que la volonté et la capacité de faire taire ses aspirations secrètes comme valeurs sûres pour accomplir sa mission auprès de ses filles.

Cette retenue qui enveloppait le sens que ma mère donnait à sa vie, ce règne de la volonté et de la raison sur l'expression des émotions, une mère n'en vit pas toute une vie sans en laisser quelque héritage à ses filles. Et cela m'est apparu clair au moment où elle est morte, au moment où elle m'a libérée de ce lourd héritage, de cet héritage qui m'avait fait fermer les yeux et cesser de respirer à la mort de mon père.

CHAPITRE II

La mort de mon père

TOUT A COMMENCÉ CE JOUR-LÀ...

Depuis quinze jours, j'étais très malade. D'une maladie qu'on n'expliquait pas autrement que par une infection généralisée du système digestif, et qui m'emmenait régulièrement à l'urgence des hôpitaux. Il y avait, cet avril-là, grève du personnel infirmier: on ne gardait que les cas très graves. De salle d'urgence en salle d'urgence, de radio en radio, la fièvre persistait, la faiblesse s'accentuait; quelque chose d'inexpliqué faisait son oeuvre.

Incapable de demeurer seule chez moi avec mon fils de deux ans, je résolus de retourner à la maison paternelle, assurée de trouver là, sinon la paix, du moins le secours d'une attention chaude et soutenue. Ce fut un pèlerinage en enfance, trois semaines de bruits d'antan, de voix familières, d'odeurs oubliées, de bibelots chargés, chacun, des faits et gestes de notre jeunesse. Puis le grondement du moteur, Papa qui rentrait, toussait au même rythme que le grincement de la porte, secouant ses pieds à la même cadence que jadis, un soupçon de vigueur en moins, peut-être.

Me voyant ainsi malade, Papa s'inquiétait de moi.

— Mais qu'est-ce qu'elle a donc?

C'est ma soeur qui m'a dit à quel point il s'inquiétait. De lui-même, il n'aurait jamais osé avouer qu'il avait peur de me voir souffrir, de me perdre même.

Il venait me voir en arrivant le soir, et je regrettais le temps où, toute petite, il m'apportait des outils en chocolat quand j'étais malade. Mais moi non plus je n'aurais jamais osé lui avouer que je me souvenais, avec une infinie affection, des petits marteaux et des fusils en chocolat! À vingt-neuf ans, dans cette maison qui m'avait vue grandir, j'entendais encore les échos de mes battements de coeur de petite fille! Ce pouvait être puéril et ridicule... C'était seulement la réalité.

Il ne me disait pas non plus qu'il n'acceptait pas ma séparation de mon mari, six mois plus tôt. Mon père était un homme de principes et, s'il me désavoua, ce ne fut qu'à travers cette phrase, destinée à Michel, mon mari maintenant:

— Mon garçon, écoute bien: j'ai été malheureux toute ma vie, mais j'ai la satisfaction d'avoir vécu dans le droit chemin.

Ce soir d'avril, Michel, avec lequel je ne vivais pas encore, est venu passer la soirée avec moi. Il y avait, dans ces fréquentations à la maison paternelle, un petit quelque chose de nostalgique et d'excitant à la fois. Habituée maintenant à déterminer moi-même le cours de mes soirées, je n'avais pas cru nécessaire, ou peut-être n'en avais-je pas eu l'occasion, d'informer Papa de cette visite «illicite».

Maman, elle, acceptait avec une ouverture peu commune mes choix conjugaux. Ce n'est pourtant pas faute d'avoir aimé son premier gendre. Mais elle voulait tellement me voir heureuse avec un homme, elle voulait tellement me voir réaliser ce qu'elle n'avait pas pu accomplir pour elle-même en ce domaine, qu'elle comprenait, au-delà des explications, les changements de cap nécessaires quand on sent que le bonheur dérive.

J'avais donc élu domicile dans le «sofa-lit» du salon, souveraine de la maison. Nous étions assis, côte à côte, Michel et moi, dans le lit, à suivre les péripéties d'un match de la coupe Stanley. Victoire des Canadiens, victoire spectaculaire que Papa ne pouvait pas résister à partager avec moi.

Dans un même élan, il ouvre la porte et trouve sa fille, sous son toit, dans un lit, avec un homme qui n'est pas son mari! Dieu sait pourtant que ni la coupe Stanley ni l'anémie galopante qui m'affaiblissait alors ne nous disposaient à profiter du caractère illicite de nos fréquentations. Mais il est vrai que pour l'homme intègre qu'était mon père ce tableau redouté ne pouvait que le pousser dans ses derniers retranchements.

Il a aussitôt refermé la porte en s'excusant, blême, défiguré par la surprise. Il fallut plus d'un appel et une insistance particulière pour le ramener au salon et commenter, de force, je dois le dire, le dernier but compté par Jean Béliveau.

J'avais le pénible sentiment d'être cruelle en le forçant ainsi à faire face à une situation que, de toute évidence, il devrait bien un jour apprendre à reconnaître. Peut-être Michel ressentait-il le même malaise, il mit fin à notre conversation en prenant congé: il préparait un film et devait se lever tôt, le lendemain matin.

Contrariée par cet incident, nerveuse mais convaincue qu'il fallait marquer le coup, je n'arrivais pas à dormir. Malgré les suppositoires de gravol, les spasmes abdominaux s'accentuaient et atteignaient une violence telle que, cette fois, j'eus peur de ne pas m'en relever. Il était minuit, courbée en deux, secouée de la tête aux pieds par une envie de vomir ma vie s'il le fallait, j'avais réussi à appeler ma mère et à me rendre dans la cuisine. De toute évidence, je ne pouvais pas m'en tirer seule: il fallait aller à l'hôpital.

D'UNE PIERRE DEUX COUPS

J'avais bien vu, au passage, la télévision allumée dans la chambre de Papa, son pied nu sur le lit encore fait, le crépitement non équivoque du retrait des ondes. Bizarre qu'il se soit endormi ainsi... C'était bien la première fois!

Mais j'étais bien trop malade pour faire trois pas de plus et me rendre compte.

C'est Maman qui a constaté qu'il n'allait pas du tout... en lui demandant de m'emmener à l'hôpital. Elle n'a même pas fini sa phrase... Visiblement, il ne répondrait plus.

Elle si forte, je la trouvais petite, cette nuit-là. Seule dans la maison avec sa fille malade à en mourir et son mari, mort depuis environ une heure, semblait-il!

Elle ne me disait rien, mais je l'entendais au téléphone qui appelait la police.

— Dépêchez-vous, j'ai deux malades ici.

Je reconnaissais là Maman, qui exagérait toujours lorsqu'elle voulait obtenir quelque chose. Depuis la grève des hôpitaux, la police ne se déplaçait que pour les extrêmes urgences.

Elle ne se démentait pas: elle multipliait par deux pour les convaincre de se déplacer.

Elle vint vers moi, m'épongeant le front; elle me dit des choses réconfortantes, elle prit soin de moi. Elle tremblait mais ne perdait pas son sang-froid.

Puis arriva la police.

Seule dans la cuisine, j'attendais, réprimant à qui mieux mieux le moindre mouvement qui aurait pu accentuer ces spasmes insupportables. J'entendais du bruit par-devant, bruits de métal, de meubles déplacés... Je ne comprenais pas... Je redoutais. Pourquoi me faisait-on si longtemps attendre?

Un costaud arriva enfin, me prit d'autorité dans ses bras et m'emmena, grelottante, dans l'ambulance. Là, assise à la place de l'infirmier de service, je compris que ma mère n'avait pas menti: l'ambulance allait faire d'une pierre deux coups!

UN ÉTRANGE VOYAGE

Il semblait y avoir une urgence capitale à remplir un certain questionnaire auquel je n'ai pas eu la force de résister: nom du père, de la mère, du grand-père, de la grand-mère, adresse, numéro de téléphone, date de naissance, etc.

Nous allions, mon père et moi, faire un dernier voyage ensemble, un étrange voyage où, au rythme de la sirène et des lampadaires qui défilaient, s'accordait le flot de mes images de petite fille, de mes voyages en brouette conduite par lui, de ma place privilégiée sur le siège avant, dans l'auto, entre lui et Maman, de l'abondance des feuilles d'automne qu'il amoncelait pour m'y lancer, abandonnée et exultante. Mais cela fait trop mal!

— Non, je ne me souviens plus du nom de sa mère. Son père, oui: Émile. Né en 1901 ou 1900... Non, 1901.

Et pourquoi être mort ce soir? Pourquoi maintenant, POURQUOI?

Il n'est peut-être pas mort, après tout, je n'en sais rien. Ils vont le réanimer. Ça arrive souvent.

Je me décide enfin à poser la main sur lui. Si timidement, si doucement... S'il fallait qu'il m'entende m'approcher de lui! Le toucher, c'est déjà une audace... Et puis tant pis pour les deux costauds qui me questionnent... Je pleure et je dis cent fois son nom.

Assise à côté de lui, la main posée sur son bras, je vois sa tête enveloppée qui balance de droite et de gauche, mollement. À chaque virage, les sangles de la civière me semblent vouloir céder sous le poids de ce corps sans tonus.

J'ai très mal et je ne sais plus où j'ai mal. Au coeur? Au foie, aux poumons, au pancréas, à l'estomac?

J'ai mal à la vie, à mon enfance qui s'enfuit, et je pleure, sans savoir sur quoi... Je pleure.

Je pleure sur ce que je pressens de cette réalité qui se balance à côté de moi.

Je suis égarée et j'étouffe!

Dernier virage, coup de frein et déclin de la sirène.

Fini notre voyage! Pleins feux sur l'urgence, arguments avec les grévistes, on court:

— On commence par le bonhomme ou par la fille?

On opte pour le bonhomme... et, avant même que j'aie pu retirer ma main, on me l'arrache, on l'expédie... Et j'attends, en robe de nuit de coton, dans cette nuit glaciale où le vent et la pluie avaient décidé de nous accompagner.

Le même costaud casqué prend la fille dans ses bras et la dépose sur une civière. Une pente, une couverture jetée au vol, quelqu'un pousse le convoi d'un couloir à l'autre et je vois, au ras du sol, une civière d'ambulance occupée, recouverte d'un drap.

Celui qui me pousse accélère et me place le long du mur de telle sorte que je ne peux pas voir qui gît là. Et moi qui n'ai pas demandé à m'arrêter! Je ne sais pas ce que je veux... Je m'abstiens, une fois de plus!

Une infirmière m'emmène dans la chambre d'en face où un lit m'attend. Tension artérielle, pouls, température:

— Le médecin va venir.

— Oui, mais mon père, qu'est-ce qu'il a?

— Inquiétez-vous pas, ma petite dame, pensez à vous maintenant.

Et je sens, depuis qu'on a accéléré devant cette civière occupée, que j'ai presque cessé de respirer. Je me suis gelée, j'ai avalé ma vie d'enfant. Je m'occupe à retenir mon souffle, c'est une douce morphine, une petite mort!

— On demande un cardiologue pour constater un décès!

J'ai maintenant la certitude que mon père est mort: nous sommes les derniers arrivés.

— Mais mon père?

— Occupez-vous de vous, ma petite madame.
Votre père, il est bien maintenant, il est à la morgue!

Et c'est ainsi que j'ai appris, sans équivoque,
que mon père venait de mourir, cinq ou dix minutes,
une minute peut-être, après notre conversation dans
le salon!

Je pleure en sourdine, pas trop fort pour ne pas
respirer profondément. Retenir son souffle, c'est
tout ce qui compte. S'installer dans le gel, le temps
qu'il faut... Le temps qu'il faudra!

Michel arrive, affolé. Il a failli étrangler deux
grévistes qui l'empêchaient de passer. Il a conduit
comme un fou, au même rythme que son coeur trau-
matisé: au téléphone, Maman avait dû bafouiller je
ne sais quoi... Il avait compris que je venais de mourir!

Puis arrive Maman, apparemment calme,
réprimant avec peine un tremblement des lèvres et
des mains, mais toujours à la hauteur de la situation.
Et ma soeur Monique, celle qui ressemble à Papa, en
pleurs... Elle a failli me faire perdre le contrôle de
mon souffle.

Je tiens la main de Michel, il est là, ils sont là...
Le tout, c'est de tenir le coup. M'effondrer, cela ris-
querait de déchirer mon ventre douloureux, mon
coeur chargé, mon abdomen tourmenté, depuis
quinze jours qu'ils souffrent amèrement et se plai-
gnent!

Comme il convient en la circonstance, démerol, gravol, etc., puis antibiotiques, à fortes doses. J'ai la main de Michel, la présence de ma soeur, celle de ma mère et le recours de mon souffle retenu. Je ne dormirai pas cette nuit-là, un danger me guette: celui de sentir.

Mon père sera enterré trois jours plus tard. Parents et amis le pleurent, je suis revenue à la maison paternelle, dans mon lit, malade, incapable de participer au rite funéraire, consolée d'être épargnée.

Ma placidité m'étonne: «Dieu, que j'ai de la maturité et du sang-froid!»

Tout est bien ainsi. Le pas est franchi. Tout compte fait, la mort, c'est si simple! Pas redoutable du tout. Même pas de douleur, ni regret ni remords: c'est le vide, le rien. C'est l'ordre des choses.

As-tu pleuré, toi, ma mère, quand Papa est mort? Je ne t'ai pas entendue. Plus d'une fois, au cours de nos soirées, seules maintenant toi et moi, j'ai tendu l'oreille pour t'épier, te surprendre en flagrant délit d'émotion. Je n'ai rien entendu, rien surpris de ton chagrin. J'aurais voulu t'entendre sangloter, même en silence. Tu m'aurais affranchie et j'aurais pu moi aussi laisser couler ma peine.

Quand tu nous as déclaré glorieusement: «Mes filles, vous pouvez être fières de votre mère, elle n'a pas versé une larme!», j'ai senti dans mon dos un frôlement froid et moite, un vent de colère étouffée, de rage, de peine et de doute. Un immense regret...

Mais ce n'était qu'un frémissement... Sans doute l'effet de la fièvre!

Et je crois que cet état second, confus et porteur d'un avenir sombre, tu en étais pétrie, toi aussi, malgré ta contenance.

Ne savais-tu pas, au-delà de tes intuitions les plus sourdes, que ta raison ne survivrait pas à la perte de ton mari? Cet homme, tu y étais attachée, malgré l'apparent soulagement que sa mort t'apportait. Pourquoi aurais-tu enfilé sa montre, le jour de sa mort, pour ne plus la quitter? Elle était trop grande, trop grosse pour toi. C'était une incongruité dans ton personnage. Et pourtant tu y tenais, à cette montre... Comme si le temps, maintenant, allait s'enfoncer dans ton cerveau, l'enrayer par coups, forcer les limites de ce que tu appelais ton raisonnement. Et si ta vraie sagesse avait été ailleurs que dans ta matière grise, au fond de ton coeur blessé, trop blessé pour se permettre de laisser couler sa douleur?

Si je ne peux regarder ta mort qu'en la voyant commencer le jour de la mort de Papa, c'est que, comme bien d'autres qui ont perdu leur vieux compagnon devenu encombrant avec le temps, je crois que tu as choisi d'abandonner la vie, ce jour-là...

Et moi, l'inconsciente, j'étais fière de ma retenue. Une fois de plus, tu pouvais reconnaître en moi ta fille fidèle.

— Elle prend bien ça... Pas de crise, pas d'histoire, juste un peu de peine, ce qui est normal quand on perd son père.

Seule sur mon oreiller, je t'écoutais vanter mon courage au téléphone; je me conditionnais à vouloir prendre la chose comme une grande fille raisonnable, avec maturité!

Une fois cette épreuve réussie, je m'imaginais à l'abri de toute mort, de toute séparation. J'étais maintenant prête à encaisser n'importe quoi. Il me semblait avoir vaincu l'impossible: vivre sans heurt les moments les plus redoutables.

Je ne savais pas, moi non plus, que, ce jour-là, allait commencer à se vivre le plus grand des paradoxes: toi qui m'avais voulue si forte, tu allais toi-même me faire céder, venir à bout du contrôle que tu m'avais légué en héritage.

C'est en effet ce jour-là que tout a commencé!

CHAPITRE III

Le deuil de mon père

FINIE, LA MAISON PATERNELLE!

La maison paternelle, trop grande maintenant pour une personne seule, fut vendue un an après la mort de Papa. Heureuse de déménager, Maman s'est distraite de son deuil en inventant mille fois son nouvel appartement, en l'organisant, en le planifiant, en le décorant petit à petit durant des mois.

Des semaines durant, elle déménagea, morceau par morceau, dans sa voiturette de magasinage, vaisselle, vêtements, lampes, livres, etc. Elle avait apporté dans cet appartement vide une table à cartes, une chaise et une bouilloire, et elle s'amusait, tout en rangeant ses armoires, à prendre le thé, comme une grande dame, seule dans son salon nu. Tant et si bien que, le jour du déménagement venu, elle n'avait besoin d'aucune aide. Ne restaient plus que les meubles lourds. Elle ne nous a pas prévenues, capable de s'organiser seule, comme elle l'avait d'ailleurs toujours fait.

41

Je n'ai plus le souvenir de ma dernière visite à la maison de la rue Lanthier. J'y suis allée, une dernière fois, sans savoir que je n'y reviendrais plus. Pour nous épargner l'émotion, Maman nous a surprises.

— Ça y est! Je suis déménagée.

— Quoi? Sans nous le dire?

— Vous ne pourrez pas dire, mes filles, que votre mère vous demande beaucoup.

— Mais la maison, le terrain, ma chambre, le solarium?

— C'est fini.

Après tout, c'est peut-être mieux comme ça. À quoi bon s'apitoyer?

PREMIÈRES ALARMES

Elle vit seule maintenant, seule le matin, seule l'après-midi, seule le soir. Pour combler le silence, elle achète une deuxième télévision pour sa cuisine, puis une troisième, énorme, pour le salon. Elle qui a toujours méprisé la télévision et ses émissions insignifiantes, la voilà qui ne peut plus s'en passer.

— C'est une vraie compagne.

Il se trouve justement que je fais une émission à la télévision.

— N'oublie pas, c'est à deux heures, jeudi à Radio-Canada.

Tout excitée, elle n'est plus certaine d'avoir bien entendu.

— M'as-tu dit Radio-Canada?

— Oui, oui, au canal 2.

Second téléphone:

— C'est à quelle heure, déjà?

— Jeudi, deux heures.

Puis, le lendemain:

— J'ai regardé la télé, et je ne t'ai pas vue.

— Mais non, Maman, c'est demain.

Le jour de l'émission, pas de téléphone, pas de réaction. C'est étonnant, elle qui ne vivait que pour voir sa fille sur l'écran. Elle pleure, elle a manqué l'émission. Paraît-il que je ne lui avais pas dit le jour!

Je regrette qu'elle ne m'ait pas vue. Comme une petite fille au bord de la piscine, j'avais envie qu'elle me regarde plonger, qu'elle soit témoin de mes exploits. J'avais encore envie, à trente ans, de l'épater.

J'ai aussi le regret de ces dix minutes de joie dans sa journée, ratées, évanouies, ces dix minutes qui auraient nourri ses affectueux commérages auprès de chacune de ses voisines.

Quel dommage!

Et je pressens que ma peine est chargée d'inquiétude...

Ces petits incidents, banals en soi, se multiplient. Aujourd'hui, c'est son appareil radio qui a de moins bons postes que le mien, et demain l'humidificateur neuf qu'elle fait tourner à vide, n'arrivant pas à comprendre qu'on doit y mettre de l'eau. Et puis les clés perdues, le compte de banque dans lequel la caissière se sert, dit-elle, les chèques de pension qui sont déposés, mais qu'elle attend toujours.

Un jour, je l'appelle, à midi, pour l'inviter à dîner. J'ai invité une cousine avec sa fille et son gendre. Le repas idéal pour lui faire plaisir. Elle a l'après-midi devant elle pour se préparer et venir à la maison. À midi trente, elle m'appelle pour me dire qu'elle part tout de suite. Je ne sais quel soupçon m'habite; à quatre heures, je vérifie de mon bureau: elle n'est pas encore là! Je suis inquiète, j'appelle chez elle... Elle n'y est pas. Qu'est-il donc arrivé?

De quart d'heure en quart d'heure, je téléphone. À cinq heures quinze, elle répond enfin. Elle est venue chez moi, mais personne n'a répondu. Alors, elle est retournée. Ce n'est pas possible, elle était attendue... Il s'est passé quelque chose! Finalement, je découvre qu'elle s'est rendue à mon ancienne adresse, d'où je suis partie depuis deux ans! J'ai la gorge serrée, c'est l'évidence: son cerveau commence à chanceler!

— Tu vas prendre un taxi! Prends un papier, écris mon adresse et donne-la au chauffeur. Dans une demi-heure, tu seras ici.

Deux minutes plus tard:

— Tu ne m'as même pas donné ton adresse...

Elle pleure...

— Je pense que je vais rester ici.

En dernier recours, j'appelle moi-même un taxi, j'explique... À six heures quinze, elle arrive. Nerveuse, tendue, l'oeil égaré, elle n'a plus la même physionomie. Qu'arrive-t-il donc? Je sais maintenant que c'est la dernière fois que je l'invite à venir à la maison, à moins que je ne puisse moi-même aller la chercher.

Le lendemain, Monique va aux nouvelles et lui rend visite. Elle ne dit rien de l'incident de la veille, mais lui demande seulement si elle a eu de mes nouvelles récemment.

— Édith? Oh, ça doit bien faire un mois que je ne l'ai pas vue! Tu sais, je suis toujours toute seule. Je n'ai jamais de nouvelles, même pas un coup de téléphone de temps en temps.

Ma soeur est aussi inquiète que moi. Cette façon d'oublier nos visites, nos cadeaux, les fêtes que nous lui faisons, ce sera notre réalité quotidienne dans les années qui viennent, en dépit de nos nombreux efforts pour lui rappeler, sinon la convaincre, que Monique, Claire ou Édith est venue la voir la veille.

LA SÉNILITÉ? ELLE EST TROP JEUNE!

À quelques jours de là, un ami neurologue vint à la maison. Je lui décris l'incident et plusieurs

45

autres. La mémoire à long terme n'est pas touchée, c'est la mémoire à court terme qui fait défaut. Il est formel: selon mes descriptions, il s'agit d'artériosclérose cérébrale, ce qu'on appelle couramment sénilité. Les cellules cérébrales ne sont plus suffisamment irriguées pour permettre au cerveau d'enregistrer les messages adéquatement. Bref, les messages ne se fixent plus. À plus ou moins brève échéance, on assistera à des désordres d'orientation dans le temps et dans l'espace, ce qui est d'ailleurs déjà commencé, à des pertes de mémoire encore plus prononcées, à des comportements bizarres, éventuellement à une perte de la parole, et certainement à une diminution d'autonomie. On ne peut rien prévoir de l'évolution de cette maladie: ce peut être rapide ou très lent, ou par secousses suivies de périodes stationnaires. Il semble toutefois certain que, compte tenu de ce que je raconte, son espérance de vie autonome est déjà très réduite et qu'il faudra nécessairement envisager un logement protégé.

J'écoute, j'enregistre, je réagis:

— Oui, mais elle n'a que soixante-dix ans...

Et je rage intérieurement: «Les médecins, ils sont tous pareils: au moindre symptôme, ils mettraient tout le monde en institution pour les gaver de médicaments!»

Malgré l'insistance de Michel à me faire voir la réalité en face, j'ai une certitude: ce sort-là n'est pas pour ma mère, du moins, pas tout de suite. Je surprends Michel qui signifie, dans mon dos, à notre ami de me convaincre, de ne pas m'épargner. Ils peuvent bien s'y mettre, je ne veux rien entendre, elle est trop jeune. Nous y verrons, «dans le temps comme dans le temps...»

Et je sens une mauvaise humeur teintée de désespoir s'infiltrer en moi, une mauvaise humeur assez évidente pour surseoir à ma réputation de bonne hôtesse: s'ils veulent un verre, qu'ils se servent!

CHAPITRE IV

Tu verras, tu seras mieux dans une autre maison!

DES COMPORTEMENTS BIZARRES DE PLUS EN PLUS FRÉQUENTS...

— Madame, saviez-vous que votre mère vient régulièrement chaque jour retirer de cinquante à cent dollars?

C'est le gérant de sa banque qui, inquiet de ces retraits répétés, juge bon de nous informer de la chose. De recherche en recherche, on finit par trouver une petite boîte plate dans le fond d'un tiroir: il y a huit cents dollars enveloppés dans un papier!

— Où est la toilette, donc?

— Maman, ça fait dix fois que je te le dis: c'est la porte à côté de ma chambre.

— Mon Dieu, ma fille, qu'est-ce qui te prend? Qu'est-ce que c'est que de répéter?

Ça y est! Ça m'a échappé. Je me suis impatientée. Depuis deux jours qu'elle est à la maison, elle n'arrive pas encore à trouver la toilette!

Une enveloppe recommandée traîne sur son bureau. C'est plutôt rare, compte tenu du peu d'affaires qu'elle traite. Je l'ouvre et prends conscience qu'elle n'a pas payé ses comptes. Elle m'affirme l'avoir fait. Je vérifie et je dois me rendre à l'évidence: elle ne peut plus gérer son budget. Dorénavant, nous lui donnerons une allocation pour ses menues dépenses, nous nous chargerons du reste, ce qui suppose, évidemment, une procuration notariée. Elle signe, confiante: elle croit avoir signé son testament!

Hier, elle est allée en pleurant échanger un appareil radio qu'elle venait tout juste d'acheter. Défectueux, selon elle! Ma soeur vérifie auprès du marchand: il fonctionne très bien mais son maniement est trop complexe pour elle. Il est préférable d'abandonner l'idée de l'appareil radio!

— Je suis consciente que j'en perds, mes pauvres enfants! J'essaye pourtant de faire de mon mieux...

Et c'est vrai, elle fait tout ce qu'elle peut. Elle écrit tout sur un papier pour en oublier le moins possible, elle attache les clés à son sac... Mais tous ces moyens-là ne peuvent venir à bout de l'imprévu. Chaque détail de la vie courante représente une montagne et cela nous arrache le coeur de la voir pleurer parce qu'elle a perdu ses clés!

Malgré sa bonne volonté manifeste à compenser artificiellement les défaillances de son cerveau, elle donne l'impression de se débattre en vain et de donner des coups d'épée dans l'eau. En cinq ans de solitude, elle a vieilli de vingt ans!

LA SOLITUDE

La télévision se révélera une bien piètre compagne. Surtout qu'elle n'arrive plus à syntoniser les chaînes. Trois fois sur quatre, j'arrive chez elle et la trouve installée devant un écran impossible à regarder: image floue, rouge néon, déraillage et un crépitement insupportable qui indique bien que la chaîne choisie est mal ajustée. Pour elle, les boutons ont perdu leur fonction, de sorte que le moindre ajustement ne peut tenir le coup devant ses tâtonnements hasardeux.

Et cela trahit qu'elle est seule, déjà ailleurs, ailleurs à n'en plus voir même la télé qu'elle regarde, seule à juguler les battements du sang dans ses tempes, seule à jongler avec des plans dont elle oublie à chaque étape l'objectif de départ.

Elle rêve d'une petite maison, ou encore d'une chambre chez quelqu'un, avec une galerie pour pouvoir se bercer et regarder passer les autos.

— Mais tu aurais peut-être peur toute seule dans une maison?

— Oh non, mes enfants! Ce qu'il me faut, c'est du changement... Faire un jardin, planter des fleurs... Ça, c'est mon rêve!

Et, durant des mois, j'ai rêvé moi aussi. Lui procurer une petite maison à la campagne pour les fins de semaine... Tout près de notre maison, pour qu'elle ait son autonomie... C'est un projet illusoire, hors de prix, irréaliste. Alors, nous aménageons une petite chambre pour elle seule, avec une chaise berçante, dans notre maison des Laurentides. Je suis heureuse de lui consacrer un petit coin, de lui faire une petite place.

Quand elle est venue à la maison, elle n'a jamais voulu de sa chambre: elle était trop loin de la nôtre, même si les enfants couchaient à côté d'elle. Cette fin de semaine-là, elle a couché dans le salon, sans dormir, à surveiller les rôdeurs possibles par les fenêtres sans rideaux, dans cette montagne silencieuse où seuls les oiseaux pouvaient pousser l'indiscrétion jusqu'à se percher sur la rampe du balcon!

— Quelle imprudence, ma fille, de s'exposer ainsi au regard des rôdeurs! On voit bien que tu ne connais pas le danger.

De retour chez elle, elle retrouve sa solitude, son bel appartement devenu «moche», son mal de tête inquiétant, son jeu de patience... et sa télévision impossible!

Elle passe parfois deux jours, trois jours, sans parler. Alors, elle téléphone... Elle nous téléphone.

DES APPELS QUI VEULENT DIRE QUOI?

À l'autre bout du fil, nous ne savons pas très bien ce qui nous arrive non plus. Nous aussi, nous sommes désorganisées. Désorientées comme elle.

Pourquoi tous ces appels? Est-ce une façon de pénétrer plus avant dans nos vies? Comment savoir s'il n'y a pas là une part de manipulation?

Et ce doute, ce doute épouvantable...

«Je t'assure qu'elle nous manipule! — Je ne sais pas... Comment savoir? C'est peut-être la maladie. — Tu le sais bien... Elle a toujours été comme ça. Ce n'est pas nouveau, ça. C'est une façon de demander sans en avoir l'air. En tout cas, moi, je ne marche pas là-dedans. — Mais la solitude, ça fait ça... C'est bien connu, ça rend confus... — Oui, mais même si tu faisais tout ce qu'elle demande, tu sais bien que ça ne suffirait pas. Ce serait toujours plus et plus. Maman n'a jamais été satisfaite, tu le sais bien!»

Ce discours intérieur, mes soeurs et moi l'avons tenu mille fois, dix mille fois, sans savoir, sans jamais savoir quelle voix disait juste.

Mais, l'une comme l'autre, ce que nous redoutions le plus de cette confusion, c'était la quasi-certitude qu'elle était le symptôme d'une demande plus dramatique encore, celle de vouloir venir vivre chez ses filles.

Jamais elle ne nous a demandé de la prendre avec nous. Jamais! Elle se l'était promis et elle a tenu sa promesse.

Jamais elle ne l'a demandé, mais elle le criait par ses regards, ses plaintes, ses téléphones, sa façon de nous trouver chanceuses, tellement plus chanceuses qu'elle! C'est du moins ce que nous percevions de toutes ses demandes, probablement parce que nous redoutions plus que tout au monde le moment où elle nous demanderait franchement:

— Veux-tu me prendre chez toi?

LA PRENDRE CHEZ NOUS

La prendre à la maison, c'était arrêter de vivre, cesser de dormir, et avaler, prendre sur moi à coeur de jour, étouffer... La prendre à la maison, c'était surveiller ses moindres allées et venues, ses initiatives dangereuses, ses offres d'aide que je n'oserais pas repousser mais que je prendrais le double de temps à réparer.

C'était aussi risquer ma relation conjugale. D'un naturel très envahissant, elle s'interposerait inévitablement entre Michel et moi. Avec raison, il ne voyait pas d'un oeil favorable la perspective de partager notre quotidien avec Maman. Toutefois, il l'aurait accepté... pour moi!

Quant à l'éducation des enfants, je pouvais facilement imaginer le scénario, scénario maintes fois expérimenté lors de ses brèves visites chez l'une ou chez l'autre.

À tour de rôle, nous l'emmenions avec nous. Nous étions contentes de l'emmener et de lui faire plaisir. À chaque fois, on espérait que ce serait *la bonne* fin de semaine ensemble, celle qui allait effacer les conflits, les pleurs et les lamentations de la précédente. Plusieurs fois, elle refusait pour des motifs tels que: «Je ne suis pas coiffée», «Je n'ai rien à me mettre sur le dos», ou encore: «J'attends un téléphone.» J'essayais de la convaincre et elle cédait, venant presque à contrecoeur.

Une fois à la maison, elle s'inquiétait à toutes les minutes des enfants.

— Regarde ce qu'il fait là. Le laisses-tu faire?

— Mais oui, Maman, laisse-le faire, il est capable.

— M'as-tu dit que c'est une fille?

— Mais non, Maman, c'est un garçon... Il s'appelle Guillaume.

— Ah bon! Je pensais que c'était une fille. Comme ça, t'as pas de garçon, toi?

— Mais oui, j'ai Guillaume... puis j'ai Isabelle. Elle, c'est une fille.

— Ah oui!... C'est drôle, ça, je pensais que t'avais un garçon.

Et cela durait, durait... Et c'est épouvantablement exaspérant, parce qu'on ne peut rien faire contre cela. Malgré la meilleure volonté du monde, malgré les efforts inouïs de tolérance et de calme, elle percevait très bien la charge émotive de ma retenue. Elle ressentait l'impatience contenue, l'inquiétude sous-jacente. C'était infernal!

Tout compte fait, nous avions hâte, elle et moi, que la fin de semaine prenne fin. Je n'arrivais pas à la supporter et je crois bien qu'elle prenait sur elle pour me supporter et supporter les enfants. C'était pour deux jours... Qu'aurions-nous fait durant des années?

UN CONSENTEMENT IMPOSSIBLE

Quoique très attachée à elle et certes reconnaissante, je n'arrivais pas à consentir ce sacrifice. C'était au prix de mon équilibre et de ma sérénité familiale. J'ai dû accepter la pénible réalité de vivre avec le sentiment de n'être pas à la hauteur de ses attentes, de ne pas lui rendre l'investissement qu'elle-même n'avait pas hésité à consentir.

N'avait-elle pas consacré sa vie à ses filles? Et quand je dis «consacré», le terme est à peine assez puissant.

Son accomplissement, sa création, c'était ses filles.

— J'irai jusqu'au bout pour vous, mes petites filles. Vous ne pourrez pas dire que votre mère ne vous a pas tout donné. J'ai toujours été tellement timide dans la vie, vous ne souffrirez pas comme moi. Vous saurez vous exprimer en public, bien parler, bien paraître. Vous serez quelqu'un, mes enfants!

Sa grande consolation, sa raison d'être, disait-elle, c'était notre succès, notre réalisation professionnelle, notre mariage, la grande maison, la belle voiture, et peut-être bien ses petits-enfants. Mais eux, ils étaient déjà trop loin de son emprise directe...

56

Il est évident qu'un tel investissement appelle un certain engagement en retour. Et nous en étions bien conscientes, ultra-conscientes... Et, soucieuses d'un juste retour des choses, nous étions encore plus déchirées. Le coeur nous manquerait-il à ce point que nous ne pourrions prendre en charge une mère qui a livré sa vie pour nous? Nos conflits de croissance allaient-ils l'emporter sur notre générosité?

Pour moi, il s'agissait d'un choix entre elle et moi. C'était une question de survie!

Durant ma dernière grossesse, alors que j'avais besoin d'elle comme mère, nous rejoignant au moins dans nos maternités, j'avais développé le réflexe de contractions importantes de l'utérus chaque fois que le téléphone sonnait. À cette période, elle téléphonait de huit à douze fois par jour, vérifiant à chaque fois si elle n'avait pas téléphoné auparavant. Nous en étions réduits à lui répondre que j'étais partie ou que j'allais la rappeler lorsque le point de saturation était atteint. Et ce n'est pas facile de se réfugier derrière des arguments de ce genre lorsque l'on sait que c'est sa mère souffrante qui appelle au secours.

Qu'on le veuille ou non, quelle que fût la logique de mon attitude, quelle que fût l'urgence du choix, je me sentais coupable. Ce n'est pas sans serrement de coeur que l'on met fermement un terme à la suite de téléphones ou aux pleurs interminables, comme je le fais avec ma fille de trois ans quand elle piétine sans savoir ce qu'elle veut. Ce sont des actes de raison, sans doute les mêmes qu'elle a eu à poser envers moi quand j'avais trois ans, mais elle, elle en avait soixante-treize.

— Tu n'es pas bien, ici, toute seule?

— Il y a le stéréo de l'appartement du dessous,
c'est insupportable. Puis l'été, il fait trop chaud...
C'est mal aéré.

— On va essayer de te trouver autre chose.

Il était clair qu'il fallait maintenant envisager
un environnement plus protégé pour elle, tout en
retardant au maximum l'échéance de l'institution-
nalisation. Cinq ans après son premier déménagement, nous envisagions un nouveau départ. Cette
fois, c'était nous, ses filles, qui nous chargions de
tout.

Nous avions trouvé un appartement très charmant, au bord de la rivière des Prairies, ensoleillé,
dans une maison neuve pour personnes retraitées,
avec Caisse populaire, infirmière, dépanneur, etc.

Nous avions espoir... Elle aussi. Durant trois
mois, les trois mois qui ont précédé le déménagement, nous avons vécu d'espoir.

— Là-bas, tu seras mieux... Il y a d'autres personnes comme toi... Tu rencontreras des gens... Tu
noueras des amitiés...

Tous les jours, elle partait à pied de chez elle, à
trois kilomètres de là, vers ce nouveau havre promet-
teur. Elle enjambait madriers et bacs de ciment pour
aller s'asseoir, seule, dans son appartement vide,
inachevé. Petite vieille aux abois, accrochée désespé-

rément à ce futur hallucinant! Jours de pluie, de soleil, de vent, de dégel, rien n'aurait pu la soustraire à ce pèlerinage quotidien. Les ouvriers avaient développé une certaine condescendance bienveillante envers elle; déjà, à la direction, on commençait à s'inquiéter de cet acharnement bizarre à déplacer sa chaise d'un centimètre à l'autre de la chambre, du salon, de la cuisine, pour en explorer le point de vue et le confort.

Mi-juin, elle fut la première à emménager. Rideaux neufs, fauteuils neufs, jardinières et chaises berçantes: un petit paradis!

Mais ce fut bientôt pire qu'avant!

Même là, il fallait tout de même faire les courses pour manger... puis faire les repas. Elle n'y arrivait plus. L'infirmière de garde était obligée de monter chez elle chaque midi pour lui préparer à manger, voir à ce qu'elle se nourrisse d'autre chose que de crème glacée et de biscuits à l'érable. À Noël, je lui avais préparé un immense panier d'aliments naturels, de quoi nourrir une famille entière durant une semaine. Le lendemain, elle avait tout mangé... à ma grande stupeur!

Ma soeur Claire lui avait acheté une nouvelle horloge, digitale, à gros chiffres, car elle n'arrivait plus à lire l'heure sur un cadran analogique. Puis ce fut la chaîne en argent pour suspendre la clé à son cou, le tableau d'affichage pour inscrire les menus détails à ne pas oublier, le thermostat de l'appartement verrouillé à vingt-deux degrés, etc. Nous déployions, l'une comme l'autre, des efforts d'imagination incroyables pour pallier, par des moyens artificiels, les défaillances de plus en plus prononcées de ce cerveau épuisé.

Elle faisait cuire les pommes de terre dans sa soupe, et la hantise qu'elle oublie de couper le feu en se couchant faisait maintenant partie de notre quotidien. Elle ne sortait plus, à moins d'être accompagnée, car elle ne savait plus introduire la bonne clé dans la bonne serrure. De plus en plus, sa survie reposait sur nous, sur nos visites, sur les réserves que nous pouvions prévoir pour la semaine.

Nous ne pouvions plus nous raccrocher qu'à des instants, des minutes, où le mal semblait nous donner quelque répit. Entre autres, ce jour, ce petit quart d'heure où Maman, le sourire aux lèvres, a bercé ma fille, mon beau bébé rose que je venais lui présenter.

Au téléphone, j'avais en vain essayé de lui faire comprendre que je n'avais pas pu aller la voir depuis un mois parce que je venais d'accoucher. J'avais été très malade à la naissance... mais elle ne semblait pas comprendre qu'elle était de nouveau grand-mère.

— Tu sais, je n'ai pas pu aller te voir parce que j'ai accouché. J'ai une petite fille.

— Qui ça qui a accouché?

— Mais moi! Tu es grand-mère encore une fois... Tu as une petite-fille.

— Ah oui? C'est pour quand? C'est la fille de qui déjà?

Peu importe! Le rite de la présentation est, ma foi, si inscrit en moi que, le premier jour de santé venu, j'ai pomponné ma fille, petite robe rose, chaussons tricotés, enveloppe brodée et doudou duveteuse, et j'ai glorieusement apporté mon trophée à ma mère. Et, là, je l'ai reconnue... ou presque!

— Mon Dieu! De la belle visite! C'est à qui, ce beau bébé-là?

— Mais c'est à moi. C'est ta petite-fille!

— Tu ne me dis pas... Il faut que j'aille chercher ma voisine...

Et, en moins de cinq minutes, la voisine et l'infirmière s'exclamaient devant Isabelle et n'en finissaient plus de féliciter la grand-maman.

Assise dans sa chaise berçante, Maman ne semblait rien entendre. Transportée par une félicité qui n'échappait à personne, elle berçait sa petite-fille doucement en examinant, dans le détail des ongles et des sourcils, la perfection de sa progéniture. Au sourire qui s'imprimait malgré elle sur son visage dorénavant absent, j'avais l'impression que ma fille allait tirer d'elle certains souffles endormis, les dernières fibres vivantes. Et je me rassasiais de cette image tendre dont j'avais encore besoin.

Cela a-t-il duré dix minutes? Un quart d'heure? Je ne sais plus très bien. Tout à coup, Maman avait perdu son sourire, son oeil se promenait, égaré, de la voisine à l'infirmière; elle essayait de suivre la conversation, de répondre sans prendre de risque:

— Oui, oui... C'est bien ça... Ah! aujourd'hui... Bien sûr!

Imperceptiblement, le bébé glissait sur les genoux ronds, elle l'échappait sans réagir, comme s'il se fût agi d'un sac trop lourd!

Vint alors la lettre recommandée du propriétaire de l'immeuble, qui nous prévenait officiellement qu'il n'était plus question de renouveler son bail, qu'elle était maintenant devenue dangereuse pour la maison. Elle venait pourtant à peine d'emménager! Pour tout dire, cela ne nous surprenait guère, nous nous y attendions puisque, depuis plusieurs mois, depuis neuf mois, nous nous débattions avec le Centre des Services sociaux du Montréal métropolitain — organisme chargé, entre autres responsabilités, du placement des personnes âgées — pour trouver un endroit plus approprié à notre mère.

Sept mois plus tôt, nous avions enregistré une demande officielle de «placement» de notre mère. Nous n'avions pas le choix: toutes les demandes doivent passer par le filtre de cet organisme qui agit comme une centrale d'acheminement des demandes, une certaine cour de triage! Le dossier de ma mère devait se trouver là, quelque part, sous un amoncellement de papier; y apparaissait sans doute, dans un coin: «Lorette Fournier: A3 légère.»

Ce fut en effet le verdict du travailleur social venu se rendre compte par lui-même de son état, trois mois après que la demande fut reçue. Ce jour-là, Maman était de bonne humeur, «en forme», ravie de recevoir de la visite. Cela lui suffisait pour retrouver une certaine contenance. Une fois seule dans son appartement, le cauchemar recommençait, les comportements bizarres, les égarements, les jeûnes insensés, les conduites dangereuses. Il ne me restait plus que le talonnage, le harcèlement auprès de mon travailleur social, dans l'espoir de voir apparaître son dossier sur le dessus de la pile.

On nous faisait attendre quatre mois l'ouverture d'une section pour «A3» à l'institution X. Un beau matin, on nous appelait pour nous informer que la vocation de l'institution venait de changer. On y accepterait plutôt des «A4 sévères». Et puis on recommençait, on attendait, on essuyait un refus, puis on recommençait, on attendait... de sorte qu'à la fin, faute de trouver l'institution appropriée, on changeait l'étiquette.

Quand il le fallait, Maman était «A3 légère»... Le lendemain, elle était devenue «A4 sévère», pour redevenir «A3». Et, tout ce temps-là, il s'agissait de ma mère blessée; c'était d'elle dont nous parlions dans cette langue de robot!

Nous sommes évidemment revenues à la charge auprès du propriétaire, lui demandant de la garder jusqu'à ce que nous ayons trouvé une solution.

Cet homme était propriétaire de grandes pharmacies, de ces pharmacies où vous devez enjamber boîtes de savon et caisses de Pepsi pour atteindre le comptoir des prescriptions. Nous avions rendez-vous à cinq heures, ma soeur et moi. Dans cet environnement d'entrepôt, nous ne pouvions guère discuter. Nous l'avons donc suivi dans un réduit obscur, derrière la chambre à fournaise, dans la cave. Fort de la légalité de sa lettre et de ses droits de propriétaire, il nous a fait comprendre sans équivoque qu'à son point de vue rien ne l'obligeait, comme propriétaire, à la garder plus longtemps, et que c'était à nous de nous en occuper si nous avions un peu de coeur! Il avait la loi de son côté, nous le savions bien. Nous demandions seulement qu'au nom d'un minimum d'humanité il nous accorde le temps nécessaire pour lui trouver un logement décent, en retour de quoi nous nous engagions naturellement à lui verser trois mois de loyer supplémentaires. Nous implorions même son appui auprès du C.S.S.M.M., qui ne bougeait pas, malgré mes appels répétés trois fois par semaine, depuis septembre; nous étions en avril. À toutes nos demandes, il a répondu:

— Si, le trente juin, elle n'est pas partie d'ici, je la fous dans une ambulance et vous vous arrangerez avec.

Et c'était, semble-t-il, la meilleure chose à faire, selon notre travailleur social au C.S.S.M.M.!

UN DEUXIÈME PLACEMENT: UNE RÉSIDENCE DE LUXE, PROTÉGÉE

Au printemps suivant son installation, nous avons trouvé une autre maison, un peu plus organisée encore, au risque de voir son dossier à jamais oublié au C.S.S.M.M. Cette fois Maman serait obligée de prendre ses repas à la cafétéria commune. Il y avait un service de garde vingt-quatre heures sur

vingt-quatre et un interphone dans chaque appartement. C'était, je le croyais, *la* solution.

Ma grande crainte: qu'elle ne réussisse pas à
passer l'examen médical qui tenait lieu d'examen
d'admission.

Ce jour-là, nous l'avons pomponnée, lavée, ce
qu'elle ne faisait plus seule, et nous nous sommes
présentées au cabinet du médecin.

Dans la salle d'attente, je la regardais, toute fri-
sée, collier de perles, joues roses et chapeau de
paille. Avec cet air naïf qu'elle arborait maintenant,
elle était presque jolie. Elle faisait «petite vieille pimpante», en quête du moindre sourire étranger, ravie
de s'asseoir sur ces beaux fauteuils de style, lorgnant
du bout du nez la brillance de ses chaussures de cuir
vernis.

Elle était touchante, heureuse et réconfortée
par la présence de sa fille, occupée à ne pas vivre
seule cette heure-là.

En présence du médecin, j'ai pris grand soin de
répondre à sa place à toutes les questions, concédant
à Maman seulement quelques interjections. Somme
toute, mieux valait me faire juger comme surprotec-
trice plutôt que de risquer le refus!

Elle a visité la maison, a trouvé cela bien beau,
sans comprendre que c'était là son futur home.

Et j'insistais:

— Tu vois comme tu seras bien ici... Il y a de
beaux salons, une cafétéria bien éclairée, des bouti-

ques, de grands balcons, une terrasse avec des parasols. Vraiment, tu seras beaucoup mieux, crois-moi!

Mi-soulagée, mi-inquiète, je suis revenue à la maison; elle avait été admise.

Il restait un petit studio, au septième étage, avec cuisinette incorporée. Il faudrait renoncer à plus de la moitié de ses meubles. Son mobilier de chambre serait trop encombrant, sa table de cuisine aussi, mais elle serait au moins chez elle, dans ses affaires.

VOUS NE ME FEREZ PAS ÇA, MES FILLES!

La veille du déménagement, je l'ai emmenée chez moi.

Complètement perdue, elle ne comprend pas qu'elle doit coucher là. Nous mobilisons une de ses amies pour la distraire pendant que j'aide mes soeurs à faire les boîtes et à tout liquider en deux jours. Elle veut repartir. Je lui explique, comme tant de fois déjà, qu'elle va habiter ailleurs maintenant. Tout à coup, elle saisit enfin la portée de ce que je lui explique: elle va déménager, elle va changer de maison...

L'angoisse fait surface... Elle étouffe, elle se met à marcher de long en large, elle pleure... Elle pleure, à gros sanglots.

— Jamais je n'aurais pensé que vous auriez pu me faire cela, mes petites filles, jamais!

C'est un cri de désespoir et de rage: elle ne peut plus compter sur personne, même pas ses filles!

Et moi qui la regarde marcher, je sens le centre de ma poitrine se déchirer. J'aurais envie de lui dire que je n'ai pas le choix, que je sauve ma peau au détriment de la sienne mais que c'est un choix obligatoire, que je n'ai pas pu faire autrement... J'aurais envie de pleurer avec elle.

Mais je ne sais pas pleurer avec cette mère-là et je ne sais même pas que j'ai si mal.

En tremblant d'impuissance, je range la vaisselle, je la laisse souffrir seule et j'attends d'être un peu remise. Je lui offre de prendre un bain.

Elle ne veut pas... Elle ne veut jamais. Je ne l'écoute pas. D'autorité, je remplis la baignoire et je la déshabille, comme on fait avec un petit enfant.

Debout à côté du bain, je découvre ce corps tombant, ces seins blanchis qui pointent vers l'intérieur, ces cuisses vides, cette peau qui paraît suspendue à je ne sais quel cintre humanoïde.

Je sors la robe de nuit blanche, à volants, que je viens de lui acheter, et les pantoufles bleues, neuves elles aussi. Elle sourit:

— C'est bien beau, ça!

Pour la première fois, je l'ai lavée. Je lui ai frotté le dos, je l'ai installée pour qu'elle se laisse flotter et j'ai respiré avec elle, longtemps, longtemps, du même souffle qu'elle, pour embaumer sa peine et la mienne.

Ce soir-là, nous avons abusé de poudre, de crème, de parfum et de lotions. Pomponnée, dans sa robe de coton brodé, je l'ai couchée, bordée, embrassée.

Elle avait oublié son chagrin et son désespoir: elle n'avait jamais eu d'aussi bonnes filles!

ELLE N'EST PLUS CHEZ ELLE

Nous lui avons arrangé un petit appartement coquet, avec des fleurs, quelques-uns de ses meubles, le quart de ses livres, plusieurs robes neuves aux couleurs claires pour être chic devant les autres dames... et puis une chaîne de fantaisie pour mettre sa clé au bout...

Quand elle est arrivée chez elle, dans son nouveau studio, elle a tout regardé, l'air éteint, comme si elle ne reconnaissait pas ses choses. Elle s'est assise, comme une étrangère en visite, a regardé les fleurs, la fenêtre...

Puis, quand est venu le temps de partir, de la laisser, elle a dit:

— Vous ne me laissez pas ici? Je pars avec vous, je veux retourner chez moi!

Alors, nous lui avons expliqué, réexpliqué, redémontré que maintenant c'était ici chez elle... et qu'elle serait beaucoup mieux.

Manifestement, elle ne comprenait rien à ce qui venait de lui arriver.

Ayant prévu sa réaction, une de ses amies en qui elle avait grande confiance avait accepté de passer les deux premiers jours avec elle. Nous sommes donc rentrées chacune à la maison, déçues et fatiguées par le déménagement, le coeur lourd de lui infliger cet abandon renouvelé. Nous avions pourtant fait de notre mieux pour lui arranger un studio charmant. Nous étions en face d'une réalité qui nous dépassait et que nous avions bien du mal à voir en face.

On a peur de la voir en face, cette réalité, parce qu'on se demande dans quelle mesure peut jouer l'hérédité. On se demande si on n'est pas en train de vivre ce que nos propres enfants vont vivre avec nous. On se demande si on n'assiste pas avant le temps à la projection du film de notre propre vieillesse. Ce doute-là baigne dans une angoisse infinie… C'est le désespoir prématuré parce qu'on n'a aucune garantie que ce mal-là ne viendra pas s'installer aussi chez nous. Et il arrive que, même à trente-cinq ans, on se surprenne à constater que depuis quelque temps on oublie beaucoup de choses. Le nom dont on ne se souvient plus, le numéro de téléphone qu'on a toujours eu disponible à la mémoire. Mon Dieu! n'est-ce pas un symptôme? Si c'était déjà ça!

UN VENT FRAIS: LES ENFANTS

J'emmenais les enfants, ma petite surtout, qui n'avait que six mois, et qui égayait ce milieu vacillant. Maman y trouvait sa fierté, et, forte de son statut de grand-mère, elle s'introduisait d'office dans les groupes, derrière l'écran de la poussette.

Cette intrusion dans les cercles d'habitués donnait parfois lieu à des conversations cocasses. Cet entretien, entre autres, que je n'oublierai jamais.

Les personnages: ma mère: 74 ans; une dame: 80 ans; ma fille, en robe rose, observatrice passive dans sa poussette; mon mari, au loin, observateur, et moi.

LA DAME.— Oh! le beau bébé! C'est à vous, ça?

MAMAN.— Oui, c'est à moi!

LA DAME.— C'est un petit garçon?

MAMAN (m'interpellant). — Édith, c'est un petit gars?

MOI.— Mais non, c'est une petite fille.

MAMAN.— C'est une petite fille.

LA DAME.— Ah bon! C'est donc fin, un petit gars!

MAMAN.— Mais non, c'est... (M'interpellant.) M'as-tu dit que c'est une petite fille?

MOI.— Oui! C'est une petite fille.

MAMAN.— Ah! je savais bien. (À la dame.) C'est un petit gars.

LA DAME.— Il a quel âge?

MAMAN (m'interpellant). —Il a quel âge?

MOI.— Six mois.

MAMAN (à la dame). — Elle a six mois.

LA DAME. — Comment? Il a quel âge?

MAMAN (vers moi). — Quel âge tu m'as dit?

MOI.— Six mois. C'est une petite fille, elle a six mois.

MAMAN.— Bon. Je vous l'avais bien dit: c'est un petit garçon.

C'était irrésistible. Dramatiquement irrésistible et touchant à la fois. Les deux petites vieilles étaient si profondément ravies et... pour deux minutes de leur journée, tellement occupées!

Mais, au-delà de ces épisodes absurdement savoureux, les visites à la résidence étaient en général très pénibles.

LE FOND DU DÉSESPOIR

Nous allions la voir, nous évertuant à vanter les mérites de cette résidence de classe, ne tarissant pas d'éloges devant les services, comme pour tenter, dans un ultime effort, de la convaincre que c'était le paradis.

Moi, je savais qu'il n'y avait plus de paradis pour elle. Je savais qu'elle ne trouverait plus de paix. De jour en jour, dans cette résidence de luxe, Maman touchait le fond de son désespoir. Elle pleurait presque tout le temps. Elle ne se lavait plus du tout et commençait à devenir incontinente. Elle se promenait sur les étages, tâtant chaque porte, se croyant chaque fois chez elle, et essuyant un rejet non équivoque, neuf fois sur dix.

Elle ne téléphonait plus parce qu'elle ne savait plus se servir de son appareil. Chaque visite m'enfonçait dans l'obsession d'une infinie rencontre avec ma mère, celle de notre plus grande complicité, secrètement entourée par elle et l'entourant à mon tour pour lui administrer, dans un rituel sacré, *la* pilule qu'elle réclamait en vain depuis plusieurs semaines.

Eh oui! Il m'est arrivé de penser que je pourrais moi-même me charger de la délivrer de ce cauchemar-là, comme le plus grand cadeau d'amour qu'une fille puisse offrir à sa mère. Je la bercerais, je l'endormirais, je la délivrerais! Au risque de prendre sur mon dos le poids de sa délivrance.

Quand le désespoir nous porte à penser comme cela, à envisager l'impossible, l'interdit, l'impensable, c'est que s'est installée en nous une sorte de capacité de survoler, de dépasser la réalité. Un gel bienveillant, ensorcelant, rend la chose possible.

N'est-ce pas le plus beau geste? Le secret... Le silence... L'espace feutré d'une illusion: régler héroïquement et une fois pour toutes la distance passée, porter tapie en soi la mort de l'autre. N'en rien dire, ni à mon mari, ni à mes soeurs, ni à mes enfants! Prendre le plus grand risque... C'est le privilège du secret, de la réconciliation à l'insu de tous, la mission accomplie!

Et tout cela vous hante, vous appelle, au risque de vous happer d'autant plus facilement qu'une nappe de brume chaude et plus sécurisante que la réalité vous envahit petit à petit de jour en jour, au même rythme que croît l'insupportable.

J'ai essayé de prendre des informations, subtilement, auprès de mon médecin, par des questions apparemment désintéressées. J'ai lu des articles... J'étais à l'affût. Mais ces informations-là étaient, à l'époque, presque impossibles à obtenir quand on n'était pas médecin. Ce savoir-là était un domaine réservé. Ce n'est pas un jugement, c'était peut-être mieux ainsi, sans doute mieux ainsi.

Cela donnait un dur coup à mes échappées dans cet impossible quasi sécurisant et ajoutait doublement à mon impuissance. Mon impuissance à la prendre chez moi, dans ma maison, dans ma famille; mon impuissance à lui ouvrir généreusement les bras pour la sauver; mon impuissance à trouver une meilleure solution pour elle.

Mois d'août, deux mois après son déménagement, les choses se détériorent. Maman est sortie seule de la résidence et on l'a retrouvée sur la rue, égarée, pleurant à gros sanglots comme une petite fille perdue. La résidence ne se porte plus responsable de sa sécurité et on nous avise qu'il nous faudra dorénavant payer, en supplément de la pension régulière (six cents dollars par mois), une surveillante-aide-infirmière vingt-quatre heures sur vingt-quatre. Cela représente une somme de cent dollars par jour. C'est l'extrême limite, nos revenus ne nous permettent pas ce traitement luxueux, d'autant plus que la présence de ces dames de compagnie ne rend pas Maman plus heureuse. Nous sommes prises à la gorge!

Nous étions alors à la merci plus que jamais du système de placement.

On nous a trouvé un établissement délirant, rue Dorchester, sans balcon ni jardin, au cinquième ou septième étage, en alléguant que, de toute façon, Maman était trop confuse pour se rendre compte!

Ma soeur et moi sommes allées visiter la maison en question. Sur le trottoir, devant la porte, une dizaine de patients en fauteuil roulant. Ils regardent passer le monde! Le soleil brille, ce jour-là, il fait très chaud. La pollution du bas de la ville colle à la peau et on se demande quel plaisir on peut trouver à avaler ça. Mais il n'y a pas un centimètre de jardin autour de cette maison, pas de balcon non plus, que le trottoir en face de la porte pour sortir de cette prison rouge sombre!

Nous nous faufilons dans le dédale de ces fauteuils, impressionnées par cet accueil inquiétant, pour emprunter le couloir principal de l'immeuble, un étroit couloir encombré des cabarets de la cuisine, la moitié du couloir étant convertie en dépôt de chariots. Entre deux piles: une porte; c'est l'ascenseur. Cette porte n'ouvre qu'à moitié. L'espace trop exigu ne permet pas une plus grande ouverture. Il faut s'engouffrer dans ce petit réduit pour accéder à l'étage des confus. Et déjà je pense à ma mère qui n'a jamais pu supporter les ascenseurs, qui ne supporte pas les spacieux et luxueux ascenseurs de sa résidence. Sauf par la force, nous ne réussirons jamais à lui faire franchir le pas de cette capsule étouffante!

La visite terminée, nous nous rassurons à qui mieux mieux, Monique et moi. C'est vrai que les accès sont sinistres, mais l'étage des confus est décoré gaiement, les chambres sont plus spacieuses qu'on aurait pu le croire au premier abord, les gens ont l'air gentils et humains, et puis... et puis... on n'a pas le choix!

Ni l'une ni l'autre, nous n'osons nous avouer l'horreur de la voir mourir enfermée là!

Je rentre à la maison, étouffée, étranglée comme une bête traquée que l'on écrase victorieusement au plancher, le pied sur la gorge. Instinctivement, comme un animal blessé, je ne pense plus qu'à rejoindre désespérément mon seul refuge: Michel.

Il est dans son bureau, heureusement! Je suffoque et n'arrive pas à dire un mot. Je retrouve mes sanglots de petite fille quand, en rentrant dans la cuisine en pleurant, je n'avais pas honte d'inonder de ma peine le tablier de ma mère.

Non! Je ne peux pas l'enfermer là! Pas moi, sa fille sur qui elle peut compter! Je ne veux pas qu'elle devienne végétative. C'est évident que si elle sort sans savoir où elle va, elle risque sa vie rue Dorchester. Et puis, j'ai vu une dame attachée...

C'est la cour des miracles, dans cette caserne d'où l'on peut admirer les Soeurs grises, en face, dans leur immense jardin fleuri arrosé de saules pleureurs, récitant par-devant et par-derrière leur rosaire quotidien pour le secours des malades!

C'est à la fois une peine d'enfant que je déverse sur Michel et une colère de femme, une impuissance incomparable qui ne fait qu'ajouter à ma rage.

Et après tant de mois de démarches, d'attentes, de lettres et de téléphones, on nous donne vingt-quatre heures pour accepter le placement: c'est à prendre ou à laisser. Nous étions enfin mûres: nous devions accepter n'importe quoi!

UN APPEL AU SECOURS

Michel est de ces hommes qui croient toujours, quand tout le monde a abandonné, qu'il y a une solution à une impasse. Il n'a pas attendu, il a immédiatement appelé un ami, spécialiste des soins prolongés dans un grand hôpital pour malades chroniques.

Cet ami-là a tout de suite reconnu ma détresse, la même détresse que connaissent toutes les familles aux prises avec un problème semblable.

Il m'a demandé ce que je souhaitais pour elle:

— Qu'elle meure, mon Dieu, qu'elle meure!

— Si elle se sentait mieux quelque part, seulement mieux, souhaiterais-tu toujours qu'elle meure?

Une telle question me paraissait totalement incongrue! Ma mère, mieux quelque part? C'est une utopie. Il ne faut pas la connaître pour envisager cela. Mais s'il avait raison... Peut-être qu'avec des médicaments, des soins... Qui sait? Et c'est plongée dans ce doute intérieur qu'en guise de réponse je lui adressai un regard songeur...

Au cours de la conversation qui s'ensuivit, nous avons réalisé que Maman n'avait pas eu d'examen médical complet depuis des années. Il fallait commencer par là et aviser par la suite. Cela supposait une hospitalisation, des examens, pendant une période de temps indéterminée.

C'était la première fois que je prenais conscience clairement du poids des facteurs physiologiques dans l'état de Maman et de la relativité de ma responsabilité de bonne ou mauvaise fille. Je n'étais peut-être pas autant responsable de son mal.

Ce jour-là, je suis allée la voir et je l'ai entourée... Je l'ai prise dans mes bras.

Je l'ai prise dans mes bras, ne sachant plus qui, d'elle ou de moi, je consolais. Nous allions peut-être, toutes deux, sortir de notre immense solitude. Nous aurions enfin de l'aide, même si les gestes qu'il nous restait à poser portaient en eux-mêmes un caractère de cruauté infinie, une nécessaire cruauté, une inévitable cruauté.

Elle a dû sentir, dans mon étreinte et mon bercement, que quelque chose d'important venait de se passer. Car je n'avais jamais pris ma mère ainsi dans mes bras. Pour tout dire, je ne la touchais pas, limitant mes effusions affectueuses à une accolade furtive à l'arrivée et au départ de mes visites. Ma vie de femme et le cumul de mes frictions avec elle avaient

inscrit en moi une certaine retenue, un gel impitoya-
ble qui nous interdisaient ces contacts physiques.

En la quittant, j'étais habitée par le lendemain.
Un lendemain... redoutable? Plein d'espoir?

Je ne peux pas vraiment parler d'espoir. Je
savais trop les moments pénibles qui nous atten-
daient pour parler d'espoir. Je crois que j'ai seulement compris qu'il pouvait y avoir une autre façon
de dénouer sa vie et la mienne. J'ai compris aussi que
son poids était trop lourd pour moi, pour nous, ses
filles, et que nous avions besoin d'aide, à tous les
niveaux, pour la sauver et pour nous sauver!

Cinq jours plus tard, ma soeur et moi allions la
chercher. Une toute petite valise bleue, la valise des
week-ends, suffisait pour y enfouir une robe de nuit,
des pantoufles, un châle et son parfum. Une toute
petite valise, symbole d'un dépouillement de plus,
une toute petite valise qui est devenue la valise de
week-end de ma fille et que je m'oblige à utiliser
encore comme pour l'exorciser.

En nous voyant arriver, elle a dit:

— Mon Dieu que je suis heureuse! Je savais
bien, mes petites filles, que vous alliez me sortir
d'ici!

C'était pour l'emmener au Centre hospitalier
Notre-Dame-de-la-Merci, au département 2300,
dans le lit numéro 11!

CHAPITRE V

L'hôpital

LA PREMIÈRE IMPRESSION

Quand on entre pour la première fois dans un hôpital pour malades à long terme, on se sent transporté dans un monde absurde, étrange, un entre-deux de la vie et de la mort. Les sons, les odeurs, le spectacle... On a l'impression d'étouffer, en écarquillant des yeux sinon effrayés, du moins étonnés.

Des hommes et des femmes vous regardent fixement, ils ont l'air de demander, ou plutôt de ne plus pouvoir demander... Des fauteuils roulants partout, des sacs d'urine attachés à chacun, des gens qui grognent, d'autres qui gémissent, d'autres qui tremblent. C'est assez impressionnant! En contraste avec ce tableau hallucinant, les jeunes parlent fort, roulent vite, les infirmières rient, chantent, on blague ici et là; il règne une familiarité étonnante.

On nous conduit dans une chambre à quatre lits. Près de la porte, une dame squelettique roule de grands yeux égarés et n'en finit plus d'avaler sa mâchoire. En face d'elle, une petite femme est secouée de spasmes violents: elle étouffe et crie qu'elle va mourir. Près de la fenêtre, une dame à la peau de papier de soie, assise dans son fauteuil, regarde et sourit: elle est heureuse de l'animation inattendue dans cette chambre, ce matin de septembre. Maman occupera le lit d'en face: elle a la chance d'être à côté de la fenêtre!

La dame d'en face reconnaît tout de suite dans cette nouvelle venue une partenaire de bridge.

— Quelle joie! me dit-elle, enfin une compagne.

Je n'ose pas éteindre son enthousiasme... Je souris évasivement. Moi, je sais bien que Maman ne peut plus jouer aux cartes, même pas au jeu des paires. Elle découvrira bien assez tôt.

À côté du lit, un petit bureau. Trois fois grand comme une boîte à chaussures. Puis, dans un coin, deux cases, grandes, chacune, comme celle de mon fils à l'école. Elles doivent se les partager, à quatre. Mais qu'importe, deux dames n'ont plus de famille et ne possèdent rien, pas de vêtements, pas d'effets personnels. Maman pourra donc profiter d'une case pour elle seule. C'est, encore une fois, une chance!

Assise à côté d'elle sur la petite chaise de bois qui me rappelle les salles paroissiales de mon enfance, je fais des plans. Comment humaniser ce coin? Comment le personnaliser? Que faire dans un espace de six mètres carrés dont la moitié est occupée par le lit?

Pendant que je jongle, que je trie parmi mes impressions celles qui me rassurent, je tais par-dessus tout le choc qui s'installe au creux de ma poitrine, ces plaintes, cette odeur d'urine, ce plafonnier blafard, ce lit de fer... et la prison de Bordeaux, en face! Maman, elle, est assise comme une grande dame, dans un fauteuil aux ressorts insolents; elle sourit à sa voisine, avec complaisance, pour faire bon effet!

ELLE NE SERA PLUS JAMAIS SEULE

Je redoute par-dessus tout le moment où je vais la quitter dans cette chambre. J'ai un cours à donner à une heure trente, quatre-vingts étudiants m'attendent, le moment est mal choisi pour écouter mon coeur se plaindre. Et pourtant, cela serait tellement plus sain de me donner le temps de ressentir le désarroi qui m'habite! À l'époque, forte de ma résistance à la mort de mon père, je me croyais au-dessus de ces passages difficiles, trouvant une sorte de refuge dans la fierté de ne plus sentir! Où donc avais-je appris cela?

Une heure moins vingt! C'est la limite, je dois partir!

— Je te laisse un peu, j'ai un cours à donner. On va s'occuper de toi et je vais revenir ce soir. Ce ne sera pas très long, tu verras...

Elle est égarée, elle pleure et s'agrippe à mon bras.

— Mais tu ne vas pas me laisser ici? Je veux retourner chez moi!

Et, d'une voix perchée, étranglée, elle m'ordonne, comme il y a vingt ans:

— Ramène-moi chez moi tout de suite!

Ça y est, le coup est parti! Je n'arrive plus à la raisonner... et pour cause! Je me sens coincée, déchirée, je cherche du regard quelqu'un qui pourrait m'aider à fuir.

— Attends un peu... Je vais chercher l'infirmière.

Et, plus rapide que ses réflexes vacillants, je réussis à me dégager de la pince refermée sur mon bras et à me réfugier au poste comme une enfant coupable:

— Venez, j'ai besoin d'aide!

— Partez tranquille, on ne la laissera pas seule.

Et je suis partie sans me retourner, déchirée mais relativement tranquille, sachant que, quoi qu'il arrive, Maman ne serait plus jamais seule.

Et cela, c'est extraordinaire quand on a vécu la solitude, ma solitude, celle de mes soeurs, dans tout ce périple-là. Pour la première fois, j'allais partager avec d'autres, d'autres qui n'étaient pas ses filles, le désespoir de ma mère.

Le soir, elle était totalement perdue. Bien sûr, on lui avait administré quelques calmants. Elle m'a demandé si sa mère, morte depuis vingt ans, savait qu'elle était là.

— Oui, elle le sait.

— Est-ce qu'elle est d'accord?

— Mais oui, elle est d'accord, et elle pense que tu seras mieux ici!

Maman était encore la petite fille de quelqu'un! Repliée dans ses derniers retranchements, elle avait encore besoin de sa mère. Je l'ai sentie fille, comme moi, ma fille et ma mère... Je ne comprenais plus rien à cette fusion des rôles que je n'avais pas imaginé ressentir un jour.

Je l'ai regardée s'endormir en lui caressant la main et je suis partie songeuse, mais plus tranquille, ce soir-là.

ENCORE D'AUTRES DÉPOUILLEMENTS

Le lendemain, j'ai trouvé Maman attachée dans une chaise, retenue captive par la tablette verrouillée de son fauteuil. Oh! le choc! Décidément, il n'y aurait plus de fin! Pourquoi ce dispositif?

Complètement dépaysée, elle avait quitté sa chambre cinq fois dans la journée et ce n'est que grâce à son bracelet d'hôpital que quelque infirmier, étonné de voir errer ici et là cette nouvelle venue, l'avait ramenée par la main dans son département. C'est une conduite fréquente chez les patients confus nouvellement arrivés. On m'explique qu'il faudra lui laisser le temps de se situer, d'avoir ses points de repère, avant de la laisser libre.

Je comprends tout cela, mais je ravale, je trouve insupportable de la sentir enchaînée. Je ne le supporterais jamais si c'était moi!

Elle ne se plaint pas, elle parle de sa mère, de son père, de son frère... Elle est ailleurs...

Je prends sur moi en me répétant que tout cela est un mauvais moment à passer, une crise provisoire, une transition, promesse d'adaptation.

La semaine suivante, un autre choc. On ne l'appelle plus Madame Fournier, on l'appelle Lorette, la belle Lorette... C'est ma mère que l'on traite ainsi, c'est ma mère que l'on prend pour une petite fille, à qui on parle en bébé et que l'on se permet de tutoyer.

J'ai un mouvement de recul, je reste suspendue à cette Lorette qui se laisse faire, qui accepte de se faire laver, de se faire bécoter, qui apprécie les «pichenottes» sur le nez et qui sourit. Elle qui ne savait plus sourire, qui ne savait que pleurer et implorer, elle sourit et regarde dans les yeux... Elle reconnaît ses soignants préférés et les accueille avec un sourire qui nous était, jadis, réservé.

LE PARTAGE DU LIEN

C'est le sourire qui m'était réservé quand, au retour de l'école, elle venait m'ouvrir la porte. Comme si mes retours quotidiens de petite fille sortie d'elle et revenant à elle l'apaisaient. J'avais l'impression d'être investie du pouvoir d'ensoleiller sa journée, du pouvoir de lui refléter d'elle une image fraîche et pleine d'espoir... quand je revenais de l'école, en passant par la porte de la cuisine. Ce sourire-là m'était indispensable, je le reconnais maintenant.

Assise à côté d'elle dans cette chambre où l'infirmier vient de lui pincer la joue, j'ai le sentiment qu'on m'usurpe une douceur à laquelle j'ai encore droit, mais dont je ne profite plus depuis des années.

Placer ma mère pour la faire soigner par des gens plus compétents que moi, cela veut dire, pour moi, partager le lien, quel qu'il soit, que j'ai tissé avec elle de longue date. Et ce n'est pas banal. Cela me jette à la face que j'ai un lien avec elle, un lien dont je ne peux pas me passer, moi, adulte détachée. C'est un peu comme si je voulais que ma mère m'appartienne encore, chasse-gardée d'autant plus fermée que je sens bien, venant du dehors, que quelque chose de nouveau se passe en dedans. Tout cela amplifié par la culpabilité du placement, qui rôde sans cesse, à fleur de peau.

Au cours de mes visites, il arrivait fréquemment que Maman me laisse là, comme si je n'y étais pas... Comme si elle me disait:

— Je n'ai plus rien à faire avec toi... mais j'ai beaucoup à voir avec eux... et le temps court...

Cette dépossession du lien, jumelée à la culpabilité qui nous gruge insidieusement, explique probablement la réaction revendicatrice de certaines familles. Réaction qui peut être justifiée, dans certaines circonstances, il faut bien le reconnaître. Pour nous, il était évident que Maman était choyée par le personnel... Nous n'avions rien de plus à réclamer. Lorette était la fille du 2300. Je n'avais qu'à assumer le partage, un partage que je n'avais pas prévu et, paradoxalement, que je vivais comme une certaine amputation.

J'avais une grande crainte, en plaçant Maman dans ce milieu hospitalier, qu'elle ne réussisse pas à se faire aimer. La connaissant, vindicative, autoritaire, décidée et exigeante, rarement satisfaite, je craignais le pire. Je n'aurais pas supporté qu'on la prenne en grippe. Je savais le risque très grand. Elle avait, toute sa vie, accumulé les rejets avec une assurance à laquelle son état actuel ne lui permettait plus de recourir. La sentir rejetée, réprimandée, bousculée, c'était comme si on allait m'attaquer, moi, au plus profond de mes angoisses enfantines. Elle perdait ses défenses une à une, que lui restait-il pour affronter le jugement des autres? Et je sentais monter en moi la même colère qui était la sienne, le jour du concours de crèches!

Or, il s'est passé je ne sais quel miracle: Maman a su se faire aimer. Comme si elle savait, inconsciemment, qu'il s'agissait de sa dernière chance!

Elle était douce, gentille, attachante... et obéissante!

Elle touchait tout le monde par sa manie de déambuler en aval et en amont du corridor, infatigable, du matin au soir, à suivre au pas la dame responsable du ménage, à se substituer à l'ombre de Madame T., une autre patiente qui, comme elle, avait de la classe. Elle avait besoin d'être défendue quand ses dispositions naturelles à mettre de l'ordre la menaient dans les bureaux des autres patients pour y ranger ses propres affaires. Elle avait besoin d'un protecteur ou d'un arbitre pour régler les chicanes de pantoufles, de pompons arrachés ou de jeux de cartes disparus.

Principale activité de sa semaine: aller voir la coiffeuse. Une autre qui s'était attachée à elle! Chaque mardi, elle allait la chercher par la main et la bichonnait, lavage, permanente, coupe de cheveux, petites caresses et regards enjoleurs. Jusqu'au moment où Lorette ne tenait plus en place. Elle se levait, échappait à la vigilance de cette dame dévouée mais débordée, quittait la pièce et arpentait les couloirs, la solution de la permanente dégoulinant sur son front, la tête enrubannée d'un sac de plastique... Elle déambulait, personnage de cirque égaré dans cet hôpital où tout le monde la connaissait. Ses fugues, de plus en plus fréquentes, posaient un réel problème à cette pauvre dame, seule à assumer le contrôle de ce «petit salon» plus achalandé que celui du Ritz. De sorte que l'infirmier en chef en vint à lui suggérer d'envisager des moyens plus sécuritaires pour garder Lorette en place. Ce qui lui valut ce cri du fond du coeur:

— Attacher Lorette? JAMAIS!

C'est ainsi qu'en peu de temps Lorette est devenue l'enfant gâtée du 2300. Toujours dans le couloir, stationnée à côté du poste à regarder aller et venir des personnes qui l'aimaient, à tel point assidue qu'on lui avait installé une chaise, sa chaise, à l'endroit le plus stratégique du centre d'activités.

Pour moi, sa fille, ce comportement me désolait, me déprimait... Il me semblait qu'on l'avait réduite à la dernière abnégation: celle de dire oui et d'être gentille. Pour ses infirmiers, elle faisait figure de petite fille, de petit être à entourer et à défendre, qui demande l'affection qu'on est prêt à donner quand on sait qu'elle est reçue. Pour elle, elle semblait s'être tissé une nouvelle toile affective. Elle était aimée... Elle le savait et le sentait, comme elle ne l'avait peut-être jamais senti.

IL NE NOUS RESTE PLUS QUE LE TOUCHER

Peu à peu, elle a cessé de parler... comme si la parole était de trop. Oh! elle aurait voulu parler... mais les paroles ne venaient plus. Les mots ne désignaient plus les bons objets, seules les formules toutes faites résistaient encore à l'effacement des cellules. Des formules telles que: «T'es bien chic aujourd'hui...», ou encore: «C'est bien pour dire...», ou: «J'aimerais donc ça...» Ce qu'elle aurait aimé, nous ne le saurions jamais.

Alors, il ne nous restait plus que le geste pour communiquer.

J'ai dit que j'avais toujours eu du mal à la toucher. C'est un fait: toutes les trois, nous n'avions pas de contact physique avec notre mère. Et ce n'est pas faute d'avoir été bercées par elle. Cela tient d'un indéfinissable malaise qui se logeait dans ce corps implorant, ce corps constamment maté par des régimes inefficaces, témoins du mépris qu'elle entretenait pour lui, mépris qui s'imposait à nous jusqu'à nous heurter dans notre capacité de le recevoir. Cela continuait de couver en périphérie jusqu'à réveiller en nous une répulsion à peine surmontable au moment de laver son linge souillé. Comme les patients sans famille, nous avons opté pour le service de lavage de l'hôpital!

Quand le langage du corps est affecté à ce point, quand celui de la parole s'est irrémédiablement embrouillé, il ne nous reste plus qu'un immense mur, une montagne à surmonter, celle de nos rejets les plus primitifs: toucher et caresser, laisser sourdre la tendresse engourdie...

J'ai commencé par la soigner, la maquiller, la coiffer, l'habiller. C'était la première chose que je faisais en arrivant, je la pomponnais. Nous avions du plaisir, mes soeurs et moi, à la combler de bijoux, de robes coquettes et gaies, de chaussures souples qui ne faisaient pas trop chaussons.

Je n'oublierai pas ce jour où, selon le rite connu de mon arrivée, je me suis mise en train pour la changer. Debout, comme une poupée inerte, elle se laissait manipuler. C'est alors que j'ai découvert, sous la double jaquette, qu'on avait dû remplacer les sous-vêtements par des dispositifs plus sécuritaires. Ma mère aux couches, comme ma fille de douze mois!

J'ai rapidement remis les manches. Ce jour-là, je n'ai pas eu le courage de lui mettre une autre robe. Nous ferions notre promenade, silencieuses, en robe de chambre, elle plus petite que jamais sous mon bras tristement protecteur.

Elle rapetissait tellement que moi, qui ne suis pas grande, je pouvais l'entourer de haut et la protéger lorsque nous partions ainsi, collées l'une à l'autre.

De geste en geste, d'apprivoisement en apprivoisement, j'ai appris à mieux l'embrasser, moins furtivement qu'avant, du fond de moi-même, en la serrant dans mes bras. J'ai appris aussi à ne pas avoir peur de la regarder dans les yeux, comme si j'allais chercher l'envers du reproche, le plus-loin-que-le-reproche. Et j'ai découvert, au coeur du contact physique avec elle, une sorte de communication du silence, plus complète que la parole, plus fidèle à notre relation primitive, celle d'une fille avec sa mère.

Je crois que nous attendions cela depuis très longtemps, elle et moi.

C'est ainsi que nous avons expérimenté la sérénité de nos longues promenades au bord de la rivière, le bras autour de ses épaules, portées par une certaine poésie. Comme si elle était ma fille... et moi, sa mère...

Et ces longues promenades dans le cadre contemplatif de l'eau qui coule nous aidaient, je crois, à dépasser la réalité visible du quotidien.

CHAPITRE VI

La période de latence

UNE PÉRIODE HEUREUSE...

Pour la première fois, j'ai commencé à me sentir à l'aise; j'ai eu enfin le sentiment d'être une fille bonne et aimante pour ma mère. Je crois que je n'ai jamais éprouvé ce sentiment-là auparavant. J'avais plutôt la lourde impression que, quoi que je tente de faire, il était impossible que je la satisfasse.

J'ai aussi graduellement commencé à ressentir que moi-même, adulte en expansion, j'avais encore besoin d'elle. Comme si le temps n'était pas encore venu de m'en passer pour de bon.

Ce besoin, c'est surtout en la quittant qu'il se manifestait. Si les arrivées étaient investies d'un certain rite, les départs l'étaient aussi. Au moment de partir, nous la reconduisions dans sa chambre, mais elle n'y restait pas et nous suivait, jusqu'à l'escalier. Il n'est pas une fois où je n'ai eu l'inquiétude qu'elle ne retrouve pas sa chambre. Elle se tenait là, comme une momie, à regarder vers le bas, comme au bord d'un précipice attirant, à accumuler les au revoir, comme s'il se pouvait que ce fût le dernier.

Il arrivait qu'elle pleure en nous quittant. Pour moi, c'était un véritable déchirement, car il me semblait que c'était l'absurdité de son état qui coulait sur son corps abandonné. Paradoxalement, ce déchirement resserrait mon lien avec elle, mon besoin d'elle, et cela me réconfortait de découvrir que moi aussi j'étais une fille attachée à une mère.

J'avais encore des choses à vivre avec elle avant de la laisser partir. J'avais encore du travail à faire pour démêler les noeuds que nous avions soigneusement serrés ensemble. Elle savait... que j'avais encore besoin de temps!

C'est en me relatant ces souvenirs que je réalise le contraste entre mon vécu de l'année précédente, notre désespoir à toutes deux, et le répit qui nous était maintenant accordé. Et je reconnais que c'est en grande partie grâce au personnel de l'hôpital que nous avons pu nous accorder le temps. Grâce à leur acceptation, aux soins extrêmement aimants dont ils l'ont entourée, sans démenti, et à l'absence absolue de culpabilisation de leur part. C'est considérable!

UNE PÉRIODE DIFFICILE

Mes visites n'étaient pas seulement réconfortantes, loin de là! Au sentiment d'être bonne fille, se superposait celui d'être inutile. Il n'est pas facile de s'asseoir en face d'une personne qui ne parle pas et qui vous regarde à peine, pendant deux heures. Vous avez beau tricoter des chandails, des mitaines, des tuques, des robes, cela demeure un bien mince contact. Elle aimait regarder les cahiers de tricot, les layettes surtout, manifestant encore quelque intérêt pour les «beaux bébés». C'est pourquoi, le plus souvent possible, j'emmenais avec moi ma fille, beau bébé actif et vivant dans ce milieu blessé. Elle égayait le département de ses éclats trop bruyants, de ses courses à petits pas, et c'était savoureux de voir Lorette pousser la poussette d'un geste connu.

Plus tard, ma fille fut conquise par le plaisir et la nouveauté des promenades en fauteuil roulant avec sa poupée. Et nous passions ainsi d'une chambre à l'autre, Lorette allant cueillir les félicitations de tous et chacun, Isabelle faisant admirer sa poupée et le bilan de ses progrès en taille et en parole d'une patiente à l'autre.

Quand nous allions dans le jardin, Isabelle, instinctivement, prenait la main de sa grand-mère, alors qu'elle refusait obstinément d'accorder cette faveur à qui que ce soit qui ne fût Papa, Maman, Coco ou Marraine... Il y avait quelque chose de dramatiquement touchant dans cette image d'une toute petite conduisant d'un air protecteur cette vieille au pas hésitant, à la raison vacillante sinon éteinte.

Mais, avec ou sans ma fille, il y avait des moments où l'obligation de la visite prenait le pas sur le plaisir de la savoir encore vivante. Il faut le reconnaître, il y a là quelque chose de très difficile à vivre. On se sent ingrate, mesquine, pas généreuse du tout.

Michel et Guillaume ne trouvaient pas, dans nos visites, le même sens que j'y trouvais moi-même. Michel n'avait jamais eu de lien véritable avec sa belle-mère. Au contraire, de nombreuses réalités les séparaient l'un de l'autre. De sorte que visiter cette femme sur son déclin représentait pour lui un devoir dont j'étais bien consciente. Pour Guillaume, qui avait été beaucoup admiré par elle, les choses pouvaient être différentes. Mais cette métamorphose de sa grand-mère, ce milieu impressionnant dans lequel il fallait baigner, rien de cela ne pouvait plus guère attirer un enfant de dix ans auprès d'elle.

Tous deux venaient avec moi, pour moi surtout. Et je le savais... Je le sentais de telle sorte que j'essayais de trouver des moments libres de tout projet familial, pour aller la voir.

Pas une fois, je ne suis partie à la campagne, en fin de semaine, sans me sentir coupable d'aller me reposer, m'amuser, goûter la vie, alors que je l'abandonnais là, dans son hôpital. Encore aujourd'hui, j'ai du mal à traverser le pont de l'autoroute sans chercher des yeux le dôme de la prison de Bordeaux, témoin manifeste de la solitude des gens d'en face, à l'hôpital où ma mère vivait.

Fort heureusement, je pouvais compter sur l'appui et la compréhension de Michel qui m'allégeait sans jamais discuter. Il gardait les enfants, me conduisait, prenait sur lui la marche de la maison pour me laisser du temps avec elle. Il était là également quand je sortais de l'hôpital en pleurant, submergée par le cumul des chocs contenus. Il me recevait, sans jugement, au fil de nos tumultueux méandres. Cela me permettait de survivre avec elle et sans doute me donnait le support nécessaire pour aller encore plus loin. Il nous restait si peu de temps, et nous partions de si loin, elle et moi! Cela, il le comprenait mieux que personne.

Malgré cet allègement, ce support, ces conditions favorables, comment passer sous silence ce décompte inévitable que l'on fait malgré soi:

— Est-ce que j'y vais assez souvent? Est-ce que je peux y aller plus souvent? Est-ce que je partage suffisamment le tour des visites avec mes soeurs?

Cela peut durer... durer... dix ans... vingt ans! Allais-je tenir le coup tout ce temps à ce rythme-là? Convaincue subitement que Maman pouvait vivre ainsi encore dix ans, je relâchais, je m'accordais un répit de quelques semaines, jusqu'à ce que la culpabilité l'emporte et me hante à tel point que je ne trouvais d'apaisement qu'à la porte de sa chambre, enclenchée dans un nouveau cycle.

Fort heureusement, à trois, on peut prendre la relève quand l'une flanche ou se sent usée. Seule, ce doit être beaucoup plus difficile à assumer.

Même à trois, se posait inévitablement le problème des vacances. Peut-on partir? S'il arrivait quelque chose, je ne serais pas là! Mes soeurs partent aussi en vacances, il n'y aura personne. Commence alors le magasinage des amis qui pourraient nous relayer pour combler l'absence. Une amie, une cousine, une vieille connaissance, et puis... il y a toujours le téléphone. C'est dans ces dispositions que finalement je consentais à partir, que je prenais le risque de partir, en conjuguant les dates, et en m'assurant d'une certaine permanence, condamnée à emporter malgré tout l'inquiétude en vacances.

Il y avait aussi les jours tristes où elle pleurait. Il fallait la consoler, comme une petite fille esseulée. Sept dames sont mortes dans sa chambre durant les vingt-six mois de son séjour. On ne vit pas à côté de la mort comme cela sans la sentir rôder autour de vous. Maman la sentait venir, l'entendait passer, parfois mieux que le personnel.

Un matin, elle s'est tenue près du lit de Clara en étirant compulsivement les draps au pied du lit. Clara n'allait pas plus mal, ce matin-là. Et pourtant, Maman n'a pas quitté le pied du lit, célébrant ainsi dans un certain rituel le souvenir de leurs regrettées chicanes de pantoufles perdues. À midi, Clara était morte! Et, cc jour-là, Maman a pleuré, à gros sanglots.

L'ABANDON DU COSTUME DE SCÈNE

Ces gros sanglots ne me paraissaient pas cacher de désespoir mais de la peine, seulement de la peine, à l'état brut. C'était presque soulagement de voir le voile tomber de ses émotions, de voir qu'elle arrivait enfin à les exprimer sans la retenue des convenances, sans avoir à brandir l'étendard de la femme forte.

Comme si la mort des unes et des autres, le répit de la parole abandonnée, le retrait de la vie publi-

96

que, avaient rendu à ma mère sa capacité de ressentir.

Je n'ai pas de preuves de ce que j'avance ici. Ce ne sont que les impressions d'une fille qui a connu sa mère si retenue, si avalée, si forte, et qui la voit soudain dépourvue et vulnérable.

En même temps, elle s'était mise à maigrir. Elle si grasse, au régime depuis trente-huit ans que je la connaissais, elle avait fondu. Comme si elle pouvait enfin se permettre de perdre ses couches protectrices, son enveloppe de mise en garde.

C'est probablement l'unique progression de la maladie, me diront les médecins. J'aime penser qu'elle n'avait peut-être plus besoin de se prémunir.

CHAPITRE VII

L'agonie

LE COMPTE À REBOURS EST DÉCLENCHÉ

Un jeudi de septembre, téléphone de l'hôpital. L'infirmier en chef du département constate que l'état de Maman s'est beaucoup détérioré. Elle ne réagit à aucune médication. Il semble que le compte à rebours soit commencé.

— Si vous voulez la voir vivante, il faudrait peut-être venir maintenant.

Ça, c'est la douche froide!

On a beau s'y attendre, savoir que ça approche, c'est malgré tout inattendu.

Je me mets à pleurer, je tremble, je veux la voir sur-le-champ... Il est onze heures du soir.

Je n'arrive pas à contrôler ma réaction, je suis dépassée par elle.

Nous arrivons à l'hôpital, Michel et moi, dans cette atmosphère de nuit, pas feutrés, les veilleuses remplacent les plafonniers, les ronflements se substituent aux gémissements. Derrière son rideau, Maman dort, secouée de la tête aux pieds par une forme de tremblement inexpliqué. Je la trouve petite et seule.

On ne la reconnaît plus, comme si un masque s'était déposé sur son visage. Elle ne sait pas que je suis là, elle dort et j'ai peur de la réveiller. Je ne peux rien faire d'autre que de la regarder dormir et apprivoiser cette image, me laisser pénétrer d'elle.

Comme si la distance s'emparait de moi, la distance d'un processus plus fort que la volonté, la distance d'un choix qui appartient au sens de l'humanité, et qui vient à bout de tous les efforts, aussi surhumains soient-ils. Et cette distance, elle est incrustée là, dans le masque qui fige son visage vivant, dans cet écran qui me fait penser qu'elle est déjà loin.

Quelque chose d'incontrôlable est commencé et c'est à force de regarder, de contempler cet écart entre elle et moi que je finis par y participer aussi.

Un peu plus loin encore, Maman est occupée à vivre quelque chose dont je suis écartée: c'est son affaire! Ce silence, cette ambiance, cette contemplation de cette femme au souffle précipité, prête à franchir le dernier pas, tout cela me crie sans équivoque qu'il est grand temps que j'accouche de mon lien avec elle.

Quelle coïncidence! Depuis neuf mois, je suis en gestation, comme si l'anticipation de notre séparation m'avait malgré moi fécondée. Soulagée de partager enfin la souffrance de ma mère avec d'autres, j'avais résolu de m'occuper un peu de moi, de me donner un support dont j'avais été privée trop longtemps, d'aller chercher, moi aussi, des soins. Les événements de ces dernières années, mes luttes sauvages avec la peur de souffrir, m'avaient épuisée, vidée, desséchée. C'est ainsi qu'au mois de décembre précédent j'avais entrepris d'y voir un peu plus clair dans ma vie intérieure, avec Jean-Marc, un psychothérapeute.

LA RÉCONCILIATION

Ce jour où le compte à rebours venait de commencer, je participais avec Michel à une session de croissance pour les couples animée par Jean-Marc et Jacqueline, les deux thérapeutes. Il s'agissait de cinq jours d'activités autour de nos familles d'origine, des rapports que nous avions établis avec elles et de leurs répercussions dans notre couple. Dans ce contexte-là, la mort de Maman prenait une dimension toute particulière. Malgré mes bonnes intentions de ne pas envahir le groupe avec mon problème, je n'arrivais pas à retenir mon angoisse en face de ce qui m'attendait et j'étais habitée par une gamme de sentiments fort ambivalents.

Ce matin-là, trois mots ont suffi à exprimer le sentiment d'urgence qui me hantait:

— Maman va mourir.

C'est une explosion... Je me sens au bord du précipice et je sens que mes moyens habituels ne suffisent plus.

Michel est malheureux de me voir souffrir. Depuis la veille, il m'offre sans ménagement sa disponibilité, sa compréhension, son support. Il m'accompagne et m'incite à aller jusqu'au bout de mes initiatives alors qu'il est encore temps. Lui comme moi, nous savons le moment décisif, et, malgré son support, je ne me sens pas d'attaque. Moi qui ai tant fait pour étouffer et endormir ma peine quand j'ai perdu Papa, voilà que j'hésite à me retrancher derrière mon silence et ma placidité d'il y a dix ans. Maintenant que depuis neuf mois avec Jean-Marc j'apprends à laisser circuler le plaisir et la douleur, je ne me souviens plus très bien comment refermer la porte, et je tremble en face de l'inévitable, devant la mise à l'épreuve de mes nouvelles forces.

Si quelque chose doit se passer entre elle et moi, c'est maintenant. Je sens que ma détresse tient autant à la menace d'affronter ma relation avec elle de face, qu'à la tristesse que son départ m'inflige.

Pour m'aider à apprivoiser l'animal farouche que je suis en face de la blessure possible, Jacqueline et Jean-Marc me proposent de faire resurgir mes émotions d'enfant, celles qui ont été enregistrées malgré ma conscience et si bien détournées qu'elles ne peuvent qu'amplifier le danger réel qui me guette. Pour y accéder plus concrètement, j'ai choisi dans le groupe un père et une mère symboliques. Ceux que j'ai choisis se sont placés en face de moi, côte à côte, et m'ont seulement regardée.

Seule en face d'eux, appuyée sur Jean-Marc qui assurait ma sécurité et encouragée par Jacqueline qui m'aidait à dire au fur et à mesure ce que j'étais tentée encore une fois de taire et de retenir, leur regard a suffi à déterrer une urgence bien connue. C'était l'urgence de faire un choix entre elle et lui, un choix impossible pour un enfant qui a besoin des deux. J'étais traquée, immobilisée: je ne pouvais pas me résigner à sacrifier l'un des deux. Mais il fallait bien vivre et trouver une façon de grandir.

Ma solution avait été d'essayer d'incarner, tant bien que mal, une super-enfant qui comblerait leur vide, qui harmoniserait leurs échanges, qui prendrait sur elle de rendre tout ce monde heureux.

À tort ou à raison, j'ai pris sur moi, toute petite, de rendre mon père heureux en lui donnant une petite fille cajoleuse qui le séduirait, qui remplacerait auprès de lui cette compagne exigeante qui se terrait devant ses besoins de mâle. Mais cela, une petite fille ne peut pas y arriver... C'est au-delà de ses forces, de ses capacités, de ce qu'elle a à vivre.

À tort ou à raison, j'ai pris sur moi de rendre ma mère heureuse en la comblant dans ses aspirations, en faisant taire mes folies d'enfant pour réussir à l'école, au piano, en diction, à l'université... en l'accomplissant à sa place, en quelque sorte. Mais cela, c'est payer très cher un baume qui s'est révélé, il faut le reconnaître, une fausse solution bien lourde à porter pour moi.

C'est difficile et douloureux pour un enfant de sentir que ses parents ne sont pas si heureux qu'on le souhaiterait. C'est le lot de bien des enfants, de ceux que nous avons été et de ceux que nous avons mis au monde, que de vouloir rendre les parents heureux.

J'ai pris conscience du même coup que mon père ne m'avait pas assez protégée des exigences de ma mère. Pour la première fois, je reconnaissais que je lui en voulais, quelque part... très loin. Pour une fois, je lui ai demandé clairement de venir s'asseoir à côté de moi pour que je m'appuie sur lui, car j'avais des choses importantes à dire à ma mère et, aujourd'hui, j'avais besoin de son support. À ma grande surprise, en m'appuyant sur cet homme qui représentait mon père, j'ai reconnu là une situation déjà vécue. Il m'avait sans doute protégée, déjà, discrètement, trop discrètement peut-être. J'avais envie de profiter de ce contact-là, de savourer sa chaleur et sa tendresse; mais le regard de ma mère me gênait et j'ai compris que, tant qu'elle était là, rien ne pouvait se passer entre mon père et moi. Rien de bon... Rien de mauvais... Rien! Même pas la peine de le voir mourir! Je lui en ai voulu aussi de s'être interposée, forte de sa fonction de mère: je ne pouvais pas me passer d'elle!

Je lui ai dit que j'étais fatiguée de la porter, fatiguée de ne pas la satisfaire, fatiguée de n'être pas à la hauteur, fatiguée de ne pas pouvoir la sauver. Je lui ai dit que ce midi-là je n'irais pas la voir parce que j'étais fatiguée, si fatiguée... Je lui demandais d'accepter mon épuisement; je lui demandais de comprendre, de comprendre au-delà de la raison, de comprendre d'un élan qui lui ferait ouvrir les bras plutôt que me pointer du doigt, de me comprendre et de me prendre dans ses bras seulement pour me dire qu'elle acceptait ma fatigue... sans reproche.

Vidée de tant d'aveux, je me suis laissé bercer, entourer, embrasser, comme une nouvelle accouchée. Je venais de mettre au monde une mère, au cours d'une longue et épuisante délivrance.

ÊTRE FILLE SANS DEVOIRS NI RESPONSABILITÉS

À partir de ce jour-là, tout a changé avec ma mère. J'ai eu besoin de profiter d'elle pour moi, et je me suis mise à l'aimer, sans devoirs ni responsabilités.

Ce soir-là, je suis allée la voir avec Michel. On l'avait laissée assise dans sa chaise jusqu'à mon arrivée.

Elle tenait assise par une sangle qui la maintenait au dossier de sa berceuse. La tête penchée par-devant, elle émettait un petit son saccadé, une sorte de plainte bien courante et connue de ceux qui arpentent les couloirs d'un tel hôpital. C'est une incantation venue du fond de l'âme, la voix d'une flamme qui vacille et s'endort. Elle semblait apparemment occupée à regarder sa main gauche qui, malgré elle, ne cessait de frapper son genou par petites secousses cadencées au rythme de son flux nerveux. À la même cadence, les genoux maigres s'entrechoquaient sans répit. Mais son regard était ailleurs, bien au-delà de nous, plus loin qu'au fond d'elle-même...Un regard d'un autre type!

105

Dans la porte, je me fige, impressionnée.

— Mon Dieu! Quelle pitié!

Trente secondes... Une minute... J'arrive enfin à m'approcher d'elle, et je m'agenouille à ses pieds pour qu'elle n'ait pas à lever la tête pour me regarder.

— Bonjour, Maman... C'est Édith! Je suis venue voir comment tu allais. As-tu du mal?

J'essaye de percevoir, au travers de ce gémissement indéfini, l'indice d'une communication avec moi, le signe, même infime, que cette mère a reconnu sa fille. Il me semble avoir entendu quelque chose, je reprends:

— As-tu du mal?

— Non!

Quel soulagement! Elle me répond et ne souffre pas. Se peut-il qu'on ne souffre pas dans cet état? Quelque chose se passe que je ne comprends pas, une fois de plus.

Elle est tordue, absente, crispée, et elle ne souffre pas. Elle est encore vivante.

À genoux devant elle, je caresse sa main, j'essuie sa joue et je me résigne à ne pas comprendre. Je la regarde et cela suffit largement. J'ai besoin de laisser couler sur elle ce nouveau regard que je ne connais pas.

Puis une idée complètement incongrue me vient à l'esprit: l'envie me prend de la bercer, comme elle l'a tant fait quand j'étais petite.

Nous avons fermé le rideau: les hôpitaux et leurs habitants n'ont pas l'habitude de ce genre de contact. Nous nous sommes cachées, sans faire de bruit comme si nous avions à commettre un geste illégal, condamnable.

Michel l'a prise et l'a déposée dans mes bras, comme on présente un enfant à sa mère. J'ai appuyé sa tête chaude dans le creux de mon épaule et j'ai senti son petit souffle saccadé effleurer mon cou. Ses cheveux blancs me caressaient la joue et j'y découvrais une douceur semblable à celle que j'éprouve lorsque j'endors ma fille. Je la tenais serrée sur moi et, peu à peu, j'ai senti sa spasticité céder devant la chaleur, le contact de nos corps reconnus. Doucement, religieusement, je l'ai bercée, au rythme des vagues d'une énergie chaude et nouvelle qui coulait de source dans les recoins de mon coeur de fille. Les images de ma mère douce que j'avais oubliées me revenaient une à une, son plaisir à me bercer, à m'embrasser, à prendre ma tête dans ses mains, là, sous le menton, et j'entendais ses chansons. L'idée folle m'est venue aussi de lui chanter les berceuses qu'elle me chantait: *Les Langes blancs, Le Petit Journal rose, Il était un petit navire,* etc.

Alors, un miracle s'est produit, de ces miracles possibles seulement à l'aube de la mort. Pour me dire enfin qu'elle m'avait comprise et d'un langage qu'elle me savait capable d'entendre, elle a chanté avec moi, d'une petite voix saccadée et fébrile, mais d'une voix que j'ai très bien reconnue. Je sais qu'elle a chanté avec moi, je l'ai entendue, Michel aussi. Elle a chanté avec moi, ce soir-là!

Je la sentais enfin heureuse!

Je l'ai gardée sur moi jusqu'à ce qu'elle me pèse trop lourd. Puis nous l'avons couchée... en chuchotant pour ne rien briser de ce mystère inestimable... et elle s'est endormie, paisible.

Pour la première fois, je suis partie apaisée, réconciliée, remplie du sentiment d'être sa fille, d'être enfin la fille d'une mère.

Au cours de ce voyage au creux de mon enfance, ce matin-là, j'avais accouché de ma mère... et peut-être d'une fille neuve... à trente-huit ans!

PROFITER D'ELLE EN TANT QUE FILLE

Son agonie a duré deux mois. Deux mois, pour profiter d'elle en tant que fille. J'allais la voir, je me couchais à côté d'elle dans son lit, et je passais ses bras autour de moi, comme j'aurais voulu qu'elle fasse, spontanément, si elle avait pu. Et je me chantais des chansons... Je goûtais le plaisir d'être entourée par elle.

Je n'allais plus la voir par devoir, j'avais besoin de son contact. Je prenais d'elle avidement tout ce dont j'avais besoin.

Je lui ai dit et redit que je l'aimais, moi-même étonnée de tant d'aveux. Et je sais qu'elle m'entendait. Ma facilité à lui parler, à la toucher, à m'approcher d'elle, me surprenait chaque fois. Pourquoi avoir tant attendu?

Témoin de notre reconnaissance, cette conversation entre deux patientes, amies de Maman, confuses comme elle. J'étais agenouillée devant Maman comme j'avais pris l'habitude de le faire quand elle était assise, pour être plus proche d'elle. Dans la porte de la chambre, Madame M. et Madame T., toutes deux étonnées de ce spectacle.

— Regardez: elle lui prend la main, puis elle la caresse... Maintenant, elle passe la main dans ses cheveux...

— Oui, dans ses cheveux...

— Puis elle la regarde, elle la regarde tout le temps!

— Tout le temps...

Comme dans les tragédies grecques, chaque parole de l'une, reprise par l'autre, faisait écho à mes gestes. Je sentais, dans leur regard évadé, un consentement, un regret peut-être, quelque amertume... et une certaine envie. Tout cela était si... étrange!

Un jour — c'était un jeudi —, elle m'a regardée longuement, dans les yeux. Très lentement, de sa main haletante, elle a fait le tour de mon visage, de mes cheveux, comme pour bien reconnaître son oeuvre. Puis, alors qu'elle ne parlait plus depuis des mois, elle m'a dit:

— T'es donc belle!

Elle ne m'a plus jamais reparlé.

Le reste du temps a servi à ressentir ma peine de la quitter, de me savoir orpheline, comme disait si bien Guillaume.

TU PEUX PARTIR SANS MOI

De jour en jour, je ressentais l'obsessionnelle nécessité de me trouver à ses côtés. Le soir venu, je la quittais à regret, inquiète de ce qui pourrait arriver en mon absence.

Au fond de moi-même, je n'avais pas encore accepté de la laisser partir sans moi. Comme si, par cette présence ultime, j'allais racheter toutes mes absences.

Je m'assoyais à côté d'elle et je guettais le moindre souffle, la moindre interruption… Je comptais les secondes… J'étais aux aguets de cette mort voleuse qui pouvait surgir à tout moment. Cela jusqu'au jour où j'ai reconnu que j'imposais à Maman un drôle de dilemme: je la privais peut-être de mourir à son rythme, avec qui elle voulait, quand elle voulait.

C'est au cours d'un entretien avec Jean-Marc que j'ai réalisé qu'il me fallait abandonner ça aussi… La quitter vraiment, c'était aussi lui remettre sa mort.

Ce jour-là, j'ai pu lui donner explicitement la permission de partir sans que je sois là.

— Ne te sens pas obligée de m'attendre. Tu peux partir quand tu voudras. Maintenant, je sais que je t'aime, tu le sais aussi, et si tu pars sans moi, cela n'affectera pas notre attachement.

J'ai par la suite ressenti une profonde tristesse, douce et chaude, une tristesse en accord avec la permission que je venais de lui donner. À partir de maintenant, Maman pouvait mourir à toute heure.

C'était un vendredi.

Maman est morte le lundi matin, sans moi, quinze minutes après l'arrivée de son infirmier de jour, avec lui, un seize novembre.

CHAPITRE VIII

La mort

ENFIN ABANDONNÉE!

Depuis quinze jours, nous savions que la mort était imminente. Maman respirait de plus en plus mal, de plus en plus bruyamment, et elle maigrissait de façon spectaculaire. Elle qui avait toujours été grasse, elle ne pesait plus qu'une trentaine de kilos.

Je n'oublierai jamais le jour où j'ai soulevé le drap pour la regarder dans son entier. Elle était couchée sur le côté, et j'ai vu un gros trou, sous la hanche, et deux cuisses qui ne se touchaient plus, et d'énormes genoux, comparés au reste des jambes.

Curieusement, ce corps-là, dépouillé de tout artifice, ne me répugnait pas. J'avais l'impression, à le contempler, de fragilité et d'abandon. Pour moi, c'était important de la voir enfin sous ce jour-là. Une petite femme qui allait chercher notre tendresse, notre envie de la protéger et de l'entourer, comme un petit oiseau.

La femme forte avait enfin rejoint la petite fille, et je crois que c'est vraiment le signe que la mort est proche, quand l'enfant se confond avec l'adulte.

Ma soeur lui avait enregistré de la musique, celle qui lui était familière. De la musique religieuse, des *Tantum ergo*, des *Ave Maria*, ceux que mon père chantait dans les églises, durant cinquante ans de sa vie, des valses de Chopin, des sonates de Mozart, celles que nous jouions à nos quinze ans, des petites chansons d'enfant, celles qu'elle nous avait apprises sur ses genoux.

Moi, je me couchais à côté d'elle pour la réchauffer, une main sur son front, l'autre sur sa poitrine, afin que circule entre nous l'énergie de la tendresse. Et je la caressais... durant des heures.

Nous l'avons veillée dans des limites raisonnables. Nous avons pris le soin de ne pas y laisser notre peau, parce que le jour de la mort est le début d'un autre processus que nous étions bien résolues à vivre jusqu'au bout.

Quand on m'a téléphoné pour me dire que je n'avais plus besoin de me hâter, il était huit heures dix, le matin.

Je l'avais laissée, la veille, vers vingt-trois heures, confiante; ses signes vitaux étaient très bons, meilleurs que la veille, meilleurs que l'avant-veille.

Alors que Michel m'emmenait à l'hôpital, je pleurais doucement, considérant que c'était bien ainsi, qu'elle soit morte avec ceux qui avaient été le plus près d'elle durant ces deux dernières années, avec ceux qui avaient noué avec elle une belle affection gratuite. Parce qu'ils l'avaient beaucoup aimée, parce qu'ils s'y étaient beaucoup attachés, parce qu'ils l'avaient beaucoup entourée.

Dans le couloir du 2300, on s'affaire aux activités du matin: branle-bas général des petits déjeuners, changements de lits, toilettes. Au passage, on me regarde, on se tait, on recule pour me laisser passer. Tout le monde sait que Lorette vient de mourir, un quart d'heure plus tôt!

En entrant dans la chambre, j'ai été prise de recul. Déjà, par la fenêtre, dehors, j'avais remarqué son rideau fermé. Ce rideau fermé, c'était l'écran, la dernière chance de reculer, de ne pas voir, d'éviter... comme j'ai si bien réussi à le faire, il y a dix ans!

J'ai eu peur de la voir, comme si la mort pouvait m'attaquer, me sauter dessus... et j'ai agrippé le bras de l'infirmier quand il a tiré le rideau.

VOIR LA MORT, LA REGARDER, LA TOUCHER

Elle était là, exactement comme je l'avais laissée la veille, la bouche entrouverte, les yeux mi-clos. La seule différence: elle ne respirait plus. Aucune trace de lutte, de souffrance.

Elle était là... seulement là!

Et j'ai survécu à cela, et je me suis approchée d'elle. Des sueurs avaient séché sur sa joue. J'ai eu envie de la laver, de la coiffer. J'ai eu envie d'en prendre soin... une dernière fois.

Une débarbouillette était suspendue à son lit: celle que j'avais utilisée la veille pour la rafraîchir. J'ai pris soin de l'humecter d'eau tiède, comme si la fraîcheur de l'eau avait pu la réveiller. Il me semblait que cela la réchauffait de me sentir là, occupée à la soigner. Puis je l'ai coiffée, parfumée. Sa tête avait creusé l'oreiller, et ce creux dans le duvet blanc prenait allure de nid d'oiseau. J'ai essayé deux fois, trois fois de lui fermer les yeux; imperceptiblement, les paupières, maintenant de papier de soie, se relevaient, me forçant une fois de plus à faire face à l'immobilité, au temps arrêté pour elle.

À la soigner ainsi, sa chaleur encore présente m'apparaissait soudain le bien le plus précieux... L'idée saugrenue m'est venue de la garder chaude, de la prolonger dans ses traces de vie, jusqu'à ce que ma soeur arrive. Elle vient de loin; elle ne sera pas là avant vingt minutes. Cela pourrait suffire à la refroidir.

Alors, avec la complicité de Michel, je me suis couchée à côté d'elle comme je l'avais tant fait ces derniers temps.

Je me suis laissé pénétrer de son immobilité, de sa vie retirée! Je l'ai sentie sur ma joue, dans le creux de mes bras, au coeur de mon ventre, le long de mes cuisses, jusqu'à épouser son silence. Cela était doux et bon.

Ainsi allongée à ses côtés, fusionnée à elle une dernière fois, j'ai compris que je ne pouvais pas la garder chaude indéfiniment. J'ai dû accepter aussi de la laisser refroidir. Ma soeur est arrivée, une amie. Nous avons pris le temps de la regarder, de nous dire des choses.

Nous avons pris le temps de pleurer auprès d'elle, de nous prendre dans les bras d'une soeur à l'autre comme jamais nous n'avions osé le faire quand elle vivait. Nous avons pris le temps de la voir morte... Nous avons pris le temps de toucher son silence... Elle ne répondrait plus!

Nous avons pris le temps...

ON AURAIT PU NOUS L'ENLEVER

L'infirmier nous a alors invités à passer à l'admission pour régler les papiers. Michel, qui avait été bénévole dans une unité de soins palliatifs, savait qu'on profitait en général de ce moment-là pour faire disparaître le corps. Cette pratique vise à ménager les émotions de la famille: c'est plus discret, on évite ainsi que les pleurs ne s'expriment trop bruyamment. Pleurer, pour moi, c'était tellement plus libérateur que d'avaler, d'autant plus que nous avions suffisamment approché cette mort pour ne pas être étranglés par la surprise.

Nous avons donc demandé d'assister et de participer à son départ définitif. Ils étaient surpris: cela ne s'était jamais fait.

— Êtes-vous sûrs que vous voulez participer à cela? Ça peut vous impressionner... Vous n'avez pas l'habitude...

— Mais ça consiste seulement à la mettre au linceul et à lui faire quitter la chambre?

— Oui!

— Eh bien, on peut l'accompagner là-dedans. Je trouve ça important de l'envelopper!

Ils ont apporté une petite civière étroite qui attendait près de la porte, et un linceul blanc, en plastique. Tout cela s'est passé comme un rituel, un très beau rituel, dépouillé, tendre, parsemé de très beaux gestes. Ses deux infirmiers l'ont tendrement, religieusement découverte, ils l'ont lavée, et, tous ensemble, nous l'avons mise au linceul. La coutume veut qu'on les déshabille: ça, je n'ai pas voulu. J'avais peur qu'elle ait froid dans son plastique! Puis nous l'avons recouverte, de la tête aux pieds, comme une statue précieuse... Et ils l'ont emmenée.

Nous sommes restés devant le lit vide à contempler l'absence... et le creux dans l'oreiller.

Quand nous nous sommes sentis prêts, nous sommes allés régler les papiers.

Je crois que ces images-là sont nécessaires, infiniment plus apaisantes que le vide de ne pas savoir, de n'être pas là, d'éviter, et de fermer les yeux. Car, au travers de la douleur et du vide, il y a de très beaux gestes, de belles choses dites, un sentiment d'harmonie entre la vie et la mort.

Une fois les formalités administratives accomplies, nous sommes revenus à la chambre pour disposer de ses quelques affaires, et, surtout, pour nous séparer de ses compagnes de chambre qui, elles aussi, vivaient un deuil, un deuil qui les rapprochait de leur propre mort. Elles étaient tristes, isolées les unes des autres, chacune pleurant abondamment dans son lit. Madame M. ne comprenait pas pourquoi la petite Lorette, la pauvre petite fille de presque vingt ans sa cadette (Madame M. abordait ses quatre-vingt-quatorze ans), était partie avant elle voir sa bonne mère. Comment imaginer que l'ordre des départs ne fût pas respecté!

Nous avons distribué entre elles quelques articles ayant appartenu à Maman, des parfums, des fleurs, etc., puis nous les avons quittées.

CHAPITRE IX

Journal du deuil

LUNDI: LA DÉSORGANISATION

Quitter un hôpital où, depuis vingt-six mois, j'avais vécu angoisses, surprises, inquiétudes et réconciliation, quitter ce sanctuaire de l'espoir et du désespoir, cela n'est pas négligeable. En passant cette porte, j'ai bien senti, ce jour-là, l'impact de la dernière fois.

Le ciel est gris, le vent frisquet... La voiture dans le terrain de stationnement connu... Le sac aux rayures roses de l'hôpital, chargé des robes de nuit gaies et fleuries, des pantoufles déguisées en souliers, des colliers et des photos... Puis le boulevard Gouin... La prison de Bordeaux derrière nous déjà, le boulevard de l'Acadie, le rond-point... Me revoilà dans la vie, une mère en moins, dans ce quotidien banal qui s'agite autour de moi. Je retrouve curieusement l'impression de mes sorties d'hôpital quand, après dix jours, quinze jours, j'avais été immobilisée dans un lit. J'en sortais perdue, effarée par la vitesse, désorientée.

121

Je suis étrangère dans ce monde pourtant connu. Il me semble avoir perdu mes réflexes. Il faut arrêter aux feux rouges, bien sûr! Est-ce que j'ai faim? Il est midi... Je devrais avoir faim.

Mon Dieu! Que faire aujourd'hui! Non, je ne peux pas donner mon cours. Je ne suis pas là, je suis ailleurs, quelque part, ni ici ni là-bas... Je flotte...

Non! J'erre!

Oui, c'est ça... Il faut acheter des fleurs. C'est très important, les fleurs... Puis c'est vivant.

Michel conduit, il est plus collé au réel que moi. C'est lui qui fait contact.

— De belles fleurs aux tons d'automne... Non, rien de mortuaire... De la fraîcheur... Des fleurs sauvages... pas trop lourdes... que les enfants pourront porter!

Puis pourquoi pas une plante pour moi? Un cyclamen, c'est beau et c'est triste. Ça me convient parfaitement. Je sors du magasin les bras chargés d'une plante mandatée de prolonger le souvenir de Maman.

Il y a de ces coïncidences qui ne se produisent qu'en ces jours de deuil. Des coïncidences qui vous disent qu'on ne vous oublie pas, qui vous disent que des forces, dans l'univers, veillent sur vous.

Jacqueline, ma complice et maître d'oeuvre de mes retrouvailles avec Maman lors de cette session de couples, elle que je n'ai pas revue depuis cet épisode de septembre, à qui je n'ai même pas parlé au téléphone depuis, Jacqueline est là, devant moi, rue Laurier... par hasard!

— Jacqueline!

Je cours à sa voiture, elle démarre.

— Jacqueline, Maman est morte ce matin!

Et je n'ai rien d'autre à lui dire... Rien d'autre à faire que de me laisser caresser par sa joue de femme. Qui donc avait pu lui dire de se trouver là, à cette heure précise où j'allais traverser la rue? Qui donc lui avait dit de se trouver là pour me faire goûter la douceur des femmes, le réconfort des femmes, la connivence des femmes?

Il a suffi d'un moment, d'un regard, d'une caresse pour me faire pressentir qu'en tant que femme quelque chose d'indispensable venait de se passer en moi. Quelque chose d'indispensable qui pourrait bien ressembler à une libération, à une délivrance en tant que fille, à un décollage en tant que femme.

Au restaurant, je me sens tout à fait gaie comme une jeune fille. Je ris, je trouve hilarante la moindre plaisanterie, et je me moque de me voir si détonnante en ce jour. Où donc avez-vous rangé vos convenances, Madame, celles que votre mère vous a si soigneusement inculquées?

Je suis désorganisée, déstabilisée, fébrile. Décidément, je n'aurais jamais pu donner mon cours! Et c'est à ce moment que je ressens viscéralement le besoin d'une transition. Cette transition, c'est le rite funéraire qui peut m'aider à la vivre.

Mon lien le plus primitif vient d'être rompu ce matin... Je ne sais plus très bien ce qui est vrai de tout cela. J'ai l'impression d'être ailleurs, trempée dans une atmosphère imprégnée de morphine... J'ai besoin de points de repère pour retrouver le contact, reprendre pied, sentir le sol.

Heureusement, nous avions pressenti cet état étonnant dans lequel peut plonger le deuil. Déjà, six mois plus tôt, en juin, nous nous étions réunis, ceux qui tenaient à elle et qui pouvaient être là, pour inventer un rite funéraire à notre image et à la sienne, un rite qui nous ferait du bien, un rite qui nous aiderait à faire le passage. Puis nous n'avions nullement l'intention de nous faire voler la mort de Maman, ni par l'hôpital, ni par l'église, ni par les salons funéraires.

Nous n'avions, pas, à ce moment-là, pris de décision définitive. Nous nous étions posé des questions autour de l'incinération ou de la mise en terre, de l'exposition au salon tombe ouverte ou fermée, du sens de cette exposition dans le processus de deuil, des fleurs et des dons, et nous avions tenté d'imaginer ce qu'elle aurait aimé, pour elle et pour nous.

Cette soirée d'échange fut, une fois de plus pour moi, un révélateur de mon lien avec elle. L'idée de sa mort me faisait mal. Et son départ allait laisser un vide, d'autant plus grand à l'époque que je n'avais pas encore franchi certaines étapes décisives de ma relation avec elle. C'est à ce moment-là que j'ai pris conscience que le rite funéraire prend son sens avant tout pour ceux qui restent. Le rite funéraire, c'est le passage de la présence à l'absence, par étapes successives, et chacune a une fonction précise dans le processus de séparation.

L'ANNONCE DE LA MORT

Annoncer la mort de Maman, c'était l'occasion de parler d'elle avec des gens qui l'avaient connue et aimée. Il faut vivre ce jour-là pour prendre conscience du besoin que l'on a de raconter, dans le moindre détail, comment la mort s'est produite. C'est curieusement le même besoin que ressent la jeune accouchée qui raconte et raconte sans tarir les moindres secousses de la délivrance de son bébé.

Annoncer la mort, c'est en quelque sorte sceller l'acceptation, c'est la déclaration publique d'un départ définitif.

— Hier encore, ses signes vitaux étaient bons... Je croyais qu'elle passerait au moins la journée... Non, elle n'a pas souffert, elle s'est éteinte... doucement, comme un petit oiseau... Ce fut une belle mort, sans douleur!

Et l'on dit et redit ce que tout le monde, de tout temps, a dit et redit... dans les mêmes termes... parce qu'on en a besoin.

Comme nous voulions éviter que l'annonce de la mort de Maman tourne en ritournelle, nous avions confié à l'avance, à une amie heureuse de nous rendre ce service, une liste de certaines personnes à appeler. C'était autant de préoccupations en moins, autant de temps pour ressentir.

La semaine précédente, j'avais rédigé le texte de l'annonce du décès pour les journaux. En écrivant ce texte, alors qu'elle était encore vivante, j'avais une vague impression de sacrilège, de profanation, de tenter le sort pour précipiter les choses. Mais je crois qu'il y avait avant tout, au coeur de ce malaise, la difficulté d'accepter concrètement, dans la réalité brute, l'évidence de cette mort. Comme si, en dépit des signes les plus patents, on espérait encore être épargné du deuil.

Le pincement au coeur au moment où, ces jours-là, on ouvre *La Presse* à la page de la nécrologie et que, parmi les «F», on y trouve: «FOUR-NIER, Lorette», eh bien, ce pincement au coeur me paraît également nécessaire pour quitter les sphères nébuleuses de cette atmosphère irréelle qui vient, par surcroît, avec le deuil. C'était la première fois, depuis que je la connaissais, qu'on parlait de Lorette Fournier dans les journaux.

FOURNIER, Lorette (Provost).
— Lorette Fournier (Provost) a quitté
ses filles Monique, Marie-Claire et
Édith, ses parents et amis ainsi que ses
soignants du Centre hospitalier Notre-
Dame-de-la-Merci, le 16 novembre.
Les personnes qui voudraient se
recueillir auprès d'elle sont invitées à
se rendre à l'église paroissiale de
St-Bruno-de-Montarville le 18
novembre à partir de 1 h 30 pour rencontrer sa famille. Les funérailles
auront lieu à 3 h. Ses filles seront également heureuses de rencontrer toutes
les personnes qui voudraient échanger
souvenirs, photos, musique, condoléances, le vendredi soir 20 novembre
de 19 h à 23 h. Les personnes qui voudraient témoigner leur sympathie par
un don sont priées d'adresser leur
offrande au Fonds Lorette-Fournier
de Musicothérapie pour les soins palliatifs du Centre hospitalier Notre-
Dame-de-la-Merci. Pas de fleurs
s.v.p.

UNE DERNIÈRE TRACE

Nous savions que Maman, si elle avait été en
mesure de préparer sa mort à son goût, aurait voulu
laisser des traces. Michel avait beaucoup approfondi
le sens de cette tendance de l'homme à laisser des traces au moment de la mort[1].

---

1. Moreau, Michel, *Les Traces d'un homme*, film 16 mm, couleur, 80 minutes, Éducfilm Inc., Montréal, 1982.

127

Grâce à cette réflexion, nous étions très conscients de la nécessité de prolonger la personne qui quitte à travers des objets, des gestes, des souvenirs. Cela adoucit le deuil et permet la vraie séparation.

Nous avons alors pensé créer un fonds à son image, un fonds qui porterait son nom et qui aurait un sens par rapport à sa vie. Nous avons créé le Fonds Lorette-Fournier[1] destiné à mettre sur pied la musicothérapie pour les soins palliatifs au Centre hospitalier Notre-Dame-de-la-Merci. Cela n'existe pas encore à cet hôpital, alors que nous savons très bien que l'usage de la musique, principalement en phase terminale, peut aider à adoucir les moments pénibles et à réduire le recours aux tranquillisants.

D'emblée, nous avions fait certaines choses en ce sens quand nous allions la voir. La musique enregistrée par ma soeur, les chansons que je lui chantais, cela semblait manifestement l'apaiser.

Nous n'avons pas recueilli une fortune parce que nous ne sommes pas une famille fortunée. D'autres familles pourraient se joindre à nous. Maintenant encore, je me surprends à rêver de la prolonger ainsi, à travers d'autres, à travers la musique, à travers le mieux-être de ceux qui, comme elle, seraient sensibles à la musique.

---

1. Fonds Lorette-Fournier, Centre hospitalier Notre-Dame-de-la-Merci, 555 ouest, boulevard Gouin, Montréal   H3L 1K5.

Maman est morte hier! Malgré tous mes efforts pour me convaincre que tout cela est arrivé, je vis dans un nuage, dans une bulle où j'oublie tout. Je suis totalement inefficace, je me traîne dans la maison, encombrante, à la recherche de la moindre tâche qui pourrait m'occuper. Je me sens trop inadéquate pour aller travailler. Je ne suis pas encore suffisamment remise pour affronter mes collègues et mes étudiants. Curieuse, cette sensation de devoir les affronter! Comme si, quelque part, se cachait un animal blessé qui ne veut pas souffrir devant les autres. Il se terre, s'isole, s'endort!

J'ai une envie presque irrésistible de passer la journée couchée. Flâner au lit, ne rien faire, ne rien dire, même pas lire... Attendre... attendre!

Je me secoue un peu et vais me promener, ce qui m'arrive rarement. Je suis en général trop occupée pour me permettre d'errer.

Errer! C'est bien ce que je fais aujourd'hui... comme une âme à la dérive. J'entre dans les boutiques, je regarde, absente, sans intérêt, je touche machinalement, je cherche fébrilement à m'accrocher à quelque chose.

Je promène mon vague à l'âme de porte en porte... Je regarde mon absence dans les vitrines des magasins et je déambule, sans savoir comment, ni pourquoi, ni où je vais.

J'achète sans réfléchir une robe très coûteuse à ma fille. Je ne choisis même pas. Il semble que la robe ait été là exprès, grise, petit col blanc, nid d'abeille bourgogne. On dirait que je n'ai pas le choix. Je prends, je paye et je sors.

D'un pas à l'autre, d'une vitrine à l'autre, je songe à Elle, à son corps. Où est-elle maintenant? Je n'aurais pas dû la laisser seule. Mieux aurait valu accepter l'exposition au salon funéraire plutôt que de déambuler comme un zombie, rue Bernard, rue Laurier. Elle est peut-être seule dans un réduit, dans un congélateur ou dans un salon vide.

Mais où es-tu donc?

L'idée de la voir exposée dans un salon funéraire qui n'a rien d'elle ni de nous me répugne et me console de mon choix. Oui! Nous avons bien fait d'éviter la mascarade des sympathies et condoléances (sans oublier les félicitations), celle des us et coutumes qui conviennent en la circonstance, robes noires ou grises, tapis à grosses fleurs ridicules, éclairage blafard et odeur d'oeillets passés...

J'aurais dû l'emmener à la maison. Ce devait être possible... C'était courant dans le temps. La veillée du corps remplissait une fonction précise: celle de la prise de conscience que la personne est bel et bien morte. Mais j'ai eu peur d'imposer la présence d'une morte aux enfants et à Michel. Je n'ai pas osé aller jusque-là. La nuit, aurions-nous dormi avec son spectre dans le salon? Et puis... quelque chose de plus profond m'avait arrêtée: moi qui n'avais pu la prendre chez moi quand elle vivait, je la prendrais maintenant qu'elle est morte? Encore trop de confusion m'habite... N'y a-t-il pas une certaine sagesse parfois à s'abstenir?

C'est plongée dans ces réflexions et cette ambivalente inquiétude que je me retrouve, à quatre heures, assise dans le bureau de Jean-Marc.

Je suis étonnée, j'ai peu de choses à lui dire. Encore une fois, je suis là mais ailleurs! Triste, tranquille, passive.

— Je ne sais pas ce qui m'arrive... Je me sens perdue, ailleurs, comme si je flottais... J'ai l'impression que rien de tout ça n'est arrivé. J'ai beau revoir les scènes, me ressouvenir dix fois du détail des événements, ça n'accroche pas... Je me promène comme une âme en peine, je déplace ma personne d'un espace à l'autre... comme si ce n'était pas moi qui marchais!

Puis, tout à coup, secouée par un raz-de-marée imprévu, étouffée par les sanglots, je réussis à extraire de ce tumulte:

— Je ne sais plus où elle est... Je ne sais pas si elle a peur... Elle est peut-être seule... J'ai peur qu'elle soit abandonnée...

Jean-Marc a repris:

— Tu ne sais plus où tu es... Tu as peur... Tu es seule... Et tu te sens abandonnée...

C'était bien ça! Nous étions confondues, Elle et moi. Était-ce bien moi, cette femme aux abois qui promenait son vague à l'âme d'une heure à l'autre depuis hier? Il y avait confusion... J'avais si bien

131

appris à porter ma mère que je la portais encore... même morte. J'épousais parfaitement ce que j'imaginais de sa détresse; je m'étais glissée inconsciemment dans la peau de son fantôme.

Ce partage de mon expérience et de la sienne, curieusement, m'apaisait. S'il s'agit de moi, je peux me replacer, me donner le temps, me donner ou aller chercher les soins. Tant qu'il s'agit d'Elle, je ne peux rien faire.

J'ai quitté Jean-Marc plus apaisée, un peu moins diaphane... Oh! pas tout à fait revenue, je le reconnais, mais plus vivante, plus triste aussi. Mais cela valait mieux que le retrait.

En me disant au revoir, Jean-Marc m'offre une bouteille de vin... Du beaujolais nouveau mis sur le marché le matin même. Il fallait faire la queue pour s'en procurer un quota de six bouteilles. C'est bien lui, de décorer mon deuil d'un peu d'ivresse!

Je rentre à la maison, fière de mon trophée. Nous nous attablons, Michel et moi, comme de vieux compères, des complices de longue date à l'issue d'une opération réussie, pour trinquer comme le font les Bourguignons. On sonne, c'est une amie... et collègue. Elle passe, comme ça, à l'improviste, pour me dire qu'elle pense à moi. Elle ne sait pas qu'elle me fait un immense plaisir. À trois, nous vidons la bouteille... Rires et récits... Une bonne chaleur circule entre nous. Je suis gaie, touchée par ces gestes chaleureux qui me bercent; je ne savais pas qu'on tenait autant à moi!

Il pleut, il vente, il fait froid. J'ai plus ou moins bien dormi. Ce malaise, ce sentiment d'irréel m'habite encore et devient de plus en plus insupportable.

Je m'accroche aux préparatifs, nous devons nous retrouver au salon funéraire à une heure. J'habille ma fille: elle est adorable dans sa belle robe grise. Elle est ravie d'aller à l'église pour voir Grand-Maman dans une boîte. Elle réussit, dans ce cynisme naïf, à me faire sourire. Elle veut apporter des livres et des biscuits. D'accord pour les livres... Non! les biscuits, vraiment... ce n'est pas la place!

Midi trente. J'ai peur d'arriver en retard, je m'énerve. Je bouscule Guillaume, qui a la tête comme les foins d'un artichaut. Il me semble que Michel se prélasse indéfiniment dans son bureau... Je piétine. En cours de route, je sens l'anxiété monter de plus belle. Voir le cercueil, retrouver ma soeur qui vient d'arriver de Toronto et qui a vécu tout cela loin de nous... Je suis fébrile.

Ils sont tous là... Nous sommes les derniers. Les enfants sont beaux, bien en vie, plus ou moins conscients mais graves. Elle est là aussi, dans sa boîte fermée jonchée de fleurs. Je m'approche et je prends le temps d'absober cette image... Elle est encore un peu plus loin!

— Si vous voulez que j'ouvre le cercueil pour la voir, une dernière fois, c'est possible. Je l'ai maquillée un tout petit peu, au cas où vous voudriez la revoir!

Il est gentil, ce monsieur. Il fait son possible. Mais je ne tiens pas à La voir maquillée, même un tout petit peu... Mes soeurs non plus!

Quand aux enfants, ils seraient, je crois, vraiment impressionnés. Ils ne se doutent pas que leur grand-mère est méconnaissable depuis ces derniers jours.

L'ACCOMPAGNEMENT

Malgré sa proximité de Montréal, Saint-Bruno conserve encore quelques coutumes villageoises. Le salon funéraire où reposait Maman est situé à une centaine de mètres de l'église. Notre petite famille (trois filles et six petits-enfants, c'est si peu!) s'est donc mise en branle derrière les porteurs. Ils étaient six: ses gendres, le plus vieux des petits-enfants, José le filleul et son frère, tous deux fils de cette amie qui a partagé Sa mort avec nous. Les autres petits-enfants portaient les fleurs: Paola, Guillaume et Alexandre supportant le poids, Isabelle faisant office de cinquième roue du carrosse en s'agrippant fermement à la tige d'une marguerite pour descendre les marches! Chacun pouvait faire quelque chose pour Elle.

Agglutinés autour du corbillard qui emportait Maman, nous n'avons pas réalisé que nous La suivions, naturellement, à pied, au milieu de la rue. Guillaume a pris la tête du cortège. Grave, les poings dans les poches de son gilet, il suit sa grand-mère, le plus près possible de la voiture. Il est touchant avec cet air que je ne lui connais pas. Quelque chose dans son attitude trahit son attachement à Elle. Elle l'a beaucoup aimé, il le sent.

Je surprends ma nièce Paola accrochée à mon bras. C'est nouveau. Je la découvre si grande tout à coup. Elle a treize ans, déjà! J'ai plaisir à la prendre, à passer mon bras autour de ses épaules, comme si pour la première fois je devenais tante, à entremêler nos liens, à échanger nos sangs, tout simplement parce que nous sommes issues de la même souche.

Nous marchons lentement; ce monsieur qui conduit la voiture a l'air de comprendre que les gens occupés peuvent attendre. Quelqu'un vient d'arrêter le temps.

«Regardez, gens affairés, le sens de la vie... Prenez le temps d'y penser... La mort, c'est la vie!»

Cette petite marche dans le vent et la pluie glacée de novembre me rafraîchit, me lave de ma fébrilité. Tout se passe doucement, à un rythme qui me permet de la laisser s'éloigner un peu plus encore.

Arrivés à l'église, Isabelle s'affaire à retrouver la tige de *sa* marguerite pour porter les fleurs de Grand-Maman. Pas question qu'elle soit en reste. Cette marguerite revêt d'autant plus d'importance qu'elle lui permet de garder l'équilibre précaire de ses deux ans pour accéder au parvis de l'église. Dernière marche, la marguerite cède et lui reste dans la main.

— Mais, non! On n'en pleure pas... Il y en a d'autres, des marguerites... Tiens, une jaune, c'est encore plus beau!

Maman est déposée au centre de l'allée. En sourdine, nous faisons jouer quelques sonates de Mozart, de Beethoven, pour retrouver l'atmosphère de la rue Lanthier. Et les amis commencent à arriver.

L'EXPOSITION

En lieu et place de l'exposition, nous avions demandé de recevoir les personnes qui voudraient La voir, et nous voir, dans l'église même, deux heures avant les funérailles. Maman, qui aimait se recueillir à l'église, l'après-midi, quand elle était jeune, devait se sentir bien, dans cette ambiance éclairée, paisible, aérée, contemplative, sans artifice mortuaire. Nous baignions dans l'espace, dans la lumière, dans le recueillement un brin nostalgique de la *Sonate au clair de lune*.

Des amis sont venus, que nous n'attendions pas, que nous n'avions pas vus depuis fort longtemps. Des amis d'enfance, des collègues... Autant de gestes d'amour, de chaleur échangée, de support de notre deuil. Je n'avais pas compris, avant ce jour, l'impact réel de ces témoignages d'amitié. Je sais maintenant, pour l'avoir vécu, que les gestes que l'on peut poser, lorsqu'un ami perd une personne qu'il aime, ne sont pas pure formalité, convenance ou devoir. Cela peut être un support réel, une façon de dire que l'on tient à la personne, qu'on est sensible à ce qui lui arrive, alors qu'on ne le fait pas dans l'encombrement du quotidien.

Les enfants, discrètement, expérimentent cette église réservée à leur famille pour ces deux heures. Ils circulent, heureux de trouver un espace qui leur convient; ils se prêtent avec une disponibilité, une docilité peu commune, à la moindre commission, au plus petit service à rendre. C'est ainsi qu'à trois heures moins le quart il fallut courir chez l'épicier acheter... un sac de biscuits!

LE SERVICE RELIGIEUX

Trois heures! C'est le silence... Les premiers accords de l'orgue, la célébration de la séparation. Une cérémonie d'une grande simplicité, sans homélie. Un poème musical à l'orgue laisse à chacun le loisir de réfléchir sur sa vie, sa mort, Sa vie, Sa mort!

Le petit ensemble vocal de l'église Notre-Dame nous enveloppe d'une musique incomparable, celle que Papa a chantée lui aussi dans les églises, cinquante années de sa vie, celle qui a baigné nos dimanches et nos Noëls d'antan, celle qui nous parlait de nos parents. Il y avait dans cette église, ce mercredi après-midi, l'esprit des Fournier que nous retrouvions avec un chaud plaisir nostalgique, un rappel de certains dimanches harmonieux... Cela était bon!

Ma fille suivait les faits et gestes du curé avec curiosité, regardait ses livres distraitement et croquait en silence un biscuit au beurre d'arachides. Elle fut particulièrement vexée par les initiatives du célébrant qui aspergeait la boîte de sa grand-maman avec de l'eau bénite, de sorte que, sitôt celui-ci revenu à sa place derrière l'autel, les sourcils froncés, elle s'est empressée d'essuyer minutieusement le cercueil avec le coin de sa belle robe neuve. Elle, au moins, n'avait pas perdu le contact avec la réalité.

Le moment était venu maintenant de la quitter pour de bon. Le service religieux terminé, il fallait La prendre et L'emmener en terre. Ce serait là la dernière, l'ultime séparation physique.

L'INCINÉRATION OU LA MISE EN TERRE?

Nous avions longuement réfléchi au choix d'une mise en terre par rapport à une incinération. Maman n'avait pas pu exprimer son point de vue sur cette question. Nous devions donc nous-mêmes prendre une décision. En principe, j'étais plus favorable à l'incinération. S'envoler en fumée, se volatiliser, recèle quelque chose de poétique, de mystique. Et puis c'est propre, vite fait, pas de mélo... Mais c'était peut-être pour moi, une fois de plus, fuir la réalité.

Lorsque j'ai cherché à savoir comment se passait une incinération, j'ai appris plusieurs choses qui m'ont rebutée.

La pratique actuelle veut que le corps ne soit pas incinéré sur-le-champ. Cela peut prendre deux semaines avant que l'on procède. On attend d'avoir obtenu l'autorisation du coroner, et, comme l'officier du cimetière se rend chez le coroner une fois par semaine seulement, on accumule les dossiers et l'on fait d'une pierre cent coups!

— C'est que, voyez-vous, une autopsie sur des cendres, ce n'est pas facile..., me dit-il.

Il arrive en effet que, pour certaines raisons légales, on doive pratiquer une autopsie après une inhumation. Sur des cendres et des os broyés, évidemment que...

Savoir que ma mère allait faire la queue pour attendre son tour, cela me déplaisait souverainement. Ne pas être certaine que l'on me remette bien les cendres de ma mère, deux semaines ou plus après que le processus fut terminé, cela me répugnait aussi.

— Mais voyons, Madame, on ne met pas tous les corps dans le même four. Soyez sans inquiétude, il n'y a jamais eu de mélange!

En dépit de cette «garantie», je n'étais guère rassurée. Puis ce serait une deuxième séparation à vivre, et cela me paraissait complètement absurde.

Comme m'a expliqué en long et en large la personne responsable de la crémation, on ne vous prévient pas lorsqu'on allume le four.

— Ça dépend de l'estomac de chacun, me dit-il, mais, en général, on ne tient pas à savoir quand ça se passe. On préfère être informé une fois le travail fini et l'urne inhumée. Comme ça, c'est moins impressionnant...

Quoi qu'il en soit, si l'on meurt en hiver, on attend au printemps pour être inhumé. On ne creuse plus en hiver!

En somme, il n'y a aucun rite autour de l'incinération. Votre mère peut brûler un jour, un matin, alors que vous épluchez calmement des pommes de terre dans votre cuisine. La besogne terminée, on vous appelle, si vous en avez manifesté le désir, pour vous dire que vous pouvez passer prendre les cendres quand vous voudrez... Rien ne presse, ce n'est pas encombrant.

— C'est gros comme votre pot à farine, me dit l'officier.

Vous avez toutefois le choix de l'urne ou vous pouvez vous-même fournir un coffre, une boîte, à votre convenance. Il est même permis de l'apporter chez vous[1].

Revivre tout cela deux semaines après la mort, demeurer en suspens jusqu'à ce que le processus soit réellement terminé, non! De concert avec mes soeurs, nous avons opté pour la mise en terre.

Porter Maman en terre, c'était la situer, savoir qu'en un lieu bien précis son corps, ses os, sa chair reposaient... en communion avec la terre dont nous tirons notre énergie. C'était aussi La rendre à sa mère, à son père, à ses frères, ensevelis à côté d'Elle. C'était L'enterrer dans le silence du sol, un silence complice de nos échos, des résonnances du monde auquel Elle a appartenu. À la veille de L'enterrer, j'ai compris que j'avais besoin de suivre ce processus

_____

1. Ce fait particulier est largement explicité dans le film de Michel, *Les Traces d'un homme.*

jusqu'au bout. La terre dorénavant enrichie du corps de ma mère serait doublement porteuse pour moi, et quelque chose dans cette idée me réconfortait. Comme une dernière complicité, un appel du sol, de ma terre nourricière... Ma Mère! Étendue sur le sol, je pourrais entendre passer son souffle...

C'est ce qui m'habitait, sur le chemin du cimetière, derrière l'église de Saint-Bruno. La pluie battait son plein, j'avais le coeur lourd et le pas lent... comme pour éterniser ce dernier voyage.

LE SENS DU GLAS: SORTIR DE L'IRRÉEL!

Le glas a sonné. Un coup... Un autre coup... Avec les pauses suffisantes pour enfoncer en moi les dents de la réalité. Il était temps d'émerger de cette ambiance fumeuse dans laquelle je baignais depuis deux jours. Chaque tintement m'extirpait de ma fusion avec elle, me déshabillait de son fantôme. Cette cloche sonnait pour annoncer la mort de ma mère, celle de personne d'autre. À chaque pas, je reprenais contact avec la réalité brutale.

Cette réalité, c'était la douleur, la tristesse, la peine, la séparation. Il y avait là toutefois un contact plus apaisant que l'évitement.

J'ai pleuré, comme jamais je ne l'avais fait, devant mes enfants, mes soeurs, devant mes collègues même. Une certaine pudeur tombait à mes pieds en même temps que les habits de ma mère. C'était Sa pudeur à Elle, celle qui m'avait fait me tenir droite, grande et raisonnable, à la mort de mon père.

J'ai été la dernière à quitter le terrain de famille. J'avais du mal à accepter de La laisser là, sur son tapis vert. Malgré mille tergiversations avec le curé, nous n'avons pu assister à l'enterrement de Maman.

— Ça ne se fait plus, Madame! Maintenant, on fait tout à la pépine, c'est plus propre, vite fait, et plus économique. Puis, comme ça, vous n'êtes pas obligés de patauger dans la boue...

— Oh! mais ça ne nous fait rien de patauger dans la boue, on a des bottes... Et si ça coûte plus cher, on peut payer la différence.

— N'y songez pas, ça se se fait plus. On a l'habitude de procéder autrement. Puis, le travail avec une pépine, ce n'est pas comme du travail à la main. Il arrive que la pépine accroche d'autres tombes, puis là, le spectacle est pas très beau à voir. On ne trouve plus d'hommes pour creuser les fosses... Il n'y a plus personne qui veut faire ça!

Michel propose:

— Mais je suis prêt à le faire, moi!

— Non, croyez-moi, c'est moins impression-nant comme ça. Ça évite bien des émotions inutiles!

Et nous y revoilà! Pourvu qu'on ne sente rien passer. On est prêt à tout pour éviter de voir la mort en face, on prévient l'émotion, on la réduit au silence.

142

Je crois que c'est encore une fois une façon d'escamoter, de fuir, d'éviter de laisser parler le coeur... même si c'est dans un sanglot.

Heureusement, j'ai vu arriver la pépine. Elle ne passera pas la nuit là, toute seule, abandonnée sur le sol.

Les professionnels de la mort riront probablement de mes inquiétudes, arguant qu'on ne laisse pas ainsi un cercueil dans le champ, ou qu'on ne mélange pas les cendres! C'est peut-être vrai, mais il faut bien comprendre que les tourments qui nous habitent à l'occasion d'une mort n'ont rien d'objectif. Je crois que le rite funéraire est là précisément pour répondre à diverses subjectivités. C'est cela qu'on ne comprend plus quand on veut exorciser la mort.

Alors, nous l'avons laissée là, aux quatre vents, à la pluie et au froid, toute seule dans son cercueil! J'avais peur qu'elle ait froid, et cela me rappelait amèrement tous les abandons successifs qu'elle avait connus pour en arriver là, tous ces abandons nécessaires et inéluctables...

Quand je suis repartie, j'avais pris le temps de me sentir en harmonie avec Elle, réconciliée avec sa mort, avec notre séparation. Tranquille, presque sereine, j'ai retrouvé mes soeurs, mon mari, mes enfants, mes neveux, cousins et amis, autour d'une bonne table. C'était la reconnaissance de la famille... sans la Mère!

143

JEUDI: L'HÉRITAGE

Le jeudi fut une journée calme, reposante. Une formalité chez le notaire: les dispositions testamentaires. Maman, qui s'était privée de l'essentiel toute sa vie, nous laissait à chacune une toute petite somme. Je La sentais fière, au-dessus de nous, fière comme lorsque nous L'emmenions au restaurant. Déphasée par rapport au prix des repas en ces temps modernes, Elle insistait pour laisser le pourboire et nous montrer ainsi qu'Elle pouvait encore faire sa part. Sur un repas de soixante dollars, Elle laissait glorieusement... vingt-cinq cents! Dans cette étude de notaire, Elle devait être heureuse de nous laisser un «héritage», comme les gens bien, comme les riches...!

Je suis profondément touchée par cet «héritage» attendrissant, dernier acte de survie d'une femme du monde et d'une bonne mère de famille! Je vais placer ce petit pécule dans un fonds spécial. À chaque année, je m'offrirai un cadeau dont la fonction sera uniquement de me gâter un peu, une gâterie venue d'Elle!

L'ALBUM DU PASSÉ

Pour préparer la fête du lendemain, nous avions convenu de colliger nos photos de jeunesse en un album qui pourrait circuler parmi les parents et amis qui viendraient se plonger dans son souvenir. Je redoutais ce retour dans le passé, ces ambiances de jeunesse, les Noëls de mes dix ans, les photos endimanchées. Mais ces photos redoutables, elles m'attiraient à la fois, comme une longue méditation sur ma vie, sur la Sienne, sur les événements qui nous avaient façonnées.

Cet album, il fallait bien l'ouvrir sur la photo de noces. C'est là que tout a commencé pour nous...

Ta photo de noces...

Contenus dans ces visages, il y avait déjà toute notre vie, notre avenir et nos divisions intérieures. En regardant mes deux grand-pères, je comprends d'emblée notre histoire, celle de ton mariage et la lutte qui se livre encore à l'intérieur de chacune de nous. La détermination de ton père, le torse gonflé, le front tendu et le regard sévère, contrastait de façon criante avec la douceur et la résignation de mon grand-père paternel. La tête légèrement penchée sur le côté, il essuie le monde de son regard doux et souffrant. C'est le regard bleu qu'il a légué à son fils, ce regard tout indulgence. Déjà chauve à trente ans, Papa a l'air interrogateur, presque déjà vaincu. Dans le froufrou des tulles et de la fourrure, on ne peut pas voir si vous vous donnez la main. Ton regard, qui se veut heureux en ce grand jour de ta vie, transporte un voile de tristesse, un certain brouillard qui n'échappe à personne. Comme elle est lourde, cette photo!

Tiens! ici, tu souris de fierté. C'était un jour de Pâques, j'avais trois ans, il faisait beau. Toute ta famille y est, ton frère et sa femme, ta mère et tes enfants, sauf Papa, qui devait prendre la photo, je suppose. Mais voici la même photo, le même jour, même escalier, mêmes ombres sur le mur. Nous sommes entre nous. Papa, toi, vos trois filles. Tu as retrouvé ton air sévère, ton regard fermé, celui de ton père... Pourquoi donc ce regard emprunté à ton père ou à ta mère, quand Papa est là?

Un peu plus loin, un jour de septembre, tu tiens mon menton dans tes mains en souriant avec ton coeur. Tu ne savais pas, ce jour-là, que j'aurais voulu que la photo s'éternise. À trois ans, déjà, il me semblait que ces moments-là étaient rares. Trente-sept ans plus tard, je ressens encore la chaleur de tes mains dans mon cou et la rondeur de tes cuisses dans mon dos!

Et nous voici le jour de ma première commu-nion. Tu as l'air fière de ta fille, tu es heureuse. Papa, lui, a la fierté moins percutante. Il est debout, à côté de toi, de plus en plus chauve, de plus en plus discret.

Oh! les robes que tu nous faisais! Toutes ces nuits que tu passais à coudre, toi qui n'avais vrai-ment appris que par toi-même. L'été, tu profitais du beau temps en cousant sur la galerie. Tu réussissais, à raison de faufilage, de reprise et de méticulosité maladive, à confectionner des robes qui faisaient l'envie des riches. À nous voir ainsi habillées, on n'aurait jamais pu dire que nous étions filles d'ac-cordeur de pianos. Tu te chargeais bien, au prix de tes nuits blanches, de le faire oublier.

Puis cette dernière photo, avec Papa, devant la maison de la rue Lanthier. Tu es impeccable, gantée, chapeautée, sac à main assorti. Papa se tient droit, fier, bien cravaté, mais il n'arrive pas à dissimuler ses jambes de petit garçon. Vous êtes là, comme deux figurants, dans le décor de notre enfance, et quelque chose manque à cette photo pour qu'elle soit touchante. Comme s'il y avait là un étrange silence...

Les dernières photos, je les place là parce qu'elles doivent y être mais je n'en parle pas, je ne m'y arrête pas. Le masque de ta maladie est déjà tellement présent qu'on ne te reconnaît plus. Ton regard est ailleurs, perdu dans le labyrinthe de ton cerveau chancelant... Tu n'es déjà plus là!

Il est une heure du matin, je referme l'album de photos. Je n'arrive plus à m'extraire de ce pèlerinage à la fois nostalgique et apaisant que je redoutais pourtant. Les différents visages de ma mère défilent devant mes yeux, vont chercher les vibrations de mon enfance ensevelie. Je reconstitue cette femme vivante qui vient de finir son terme.

Cette nuit-là, je me suis laissé aller à l'idée qu'Elle m'entourait pour m'endormir, qu'Elle me berçait avec complicité, qu'Elle me reconnaissait comme sa petite fille devenue femme. Délibérément, je choisissais, ce soir-là, de tourner le dos au regard sévère, aux exigences démesurées, aux reproches pernicieux, tout en reconnaissant qu'ils avaient aussi existé. Je choisissais, à une heure du matin, de fermer les yeux sur cette femme rigide qui m'avait parfois blessée, me laissant bercer par son autre visage que j'avais reconnu: celui qui cachait sa grande tendresse envers moi, ses mains chaudes et sa sécurité.

Je me suis endormie, aimante et aimée, cette nuit-là!

VENDREDI: LA FÊTE

De bonne humeur, vendredi matin, j'avais le coeur aux veilles de fêtes. On allait fêter Maman ce soir. Ce serait une fête simple, sans éclat, un minimum de préparatifs.

Sur la porte d'entrée, pour identifier la maison: un crêpe, une gerbe de fleurs, les mêmes qui couvraient son cercueil. C'était ainsi, dans le temps, à Saint-Bruno, lorsque l'oncle Édouard est mort. J'avais environ huit ans; il était exposé dans le salon sombre de la maison paternelle, une forte odeur de tarte aux pommes se dégageait de la cuisine, et, sur la porte, des fleurs et un long ruban violet. C'était le crêpe!

Dans l'entrée de notre maison, une table avec la photo de Maman. C'était sa photo de graduation, à soixante-cinq ans, quand Elle fut diplômée de ses cours de culture personnelle. Une vraie photo de graduation avec un beau sourire, un collier de perles, des cheveux bien placés et les rides effacées.

Pour remplacer la tarte aux pommes que je ne sais pas réussir, un peu de vin et des petits gâteaux... Et puis de la musique... en douce... La musique qu'Elle aimait et qui animait la rue Lanthier.

La maison illuminée, les chaises pliantes à portée de la main, des photos d'Elle partout où il est possible d'en déposer, le cyclamen, les marguerites et les violettes, nous attendons... Isabelle attend, impatiente et ravie, la visite pour Grand-Maman.

Dans la maison calme, imprégnée de l'atmosphère des avant-fêtes, règne une ambiance heureuse. Je déambule d'une pièce à l'autre et je pense que Maman doit trouver qu'elle est belle et chaude, la maison, toute pimpante, illuminée et vivante... comme sur la rue Lanthier, aux heures d'attente, ces jours de réception, ces jours où, pour faire les honneurs de la maison, Papa débouchait, d'un geste connaisseur, une bouteille de Cinzano pour accompagner le rôti de boeuf...! Nous étions si fiers d'offrir du vin, comme les Français, aux gens bien qui venaient chez nous!

Dans cette maison parée pour La célébrer, j'attends, nerveuse: un doute, une inquiétude couvent sournoisement en moi. Si personne ne venait se pencher sur Elle! Nous ne savons pas qui viendra. Seuls l'annonce dans les journaux et les quelques téléphones tiennent lieu d'invitation. C'est une maison ouverte, mais une maison privée, c'est si peu habituel! Qui aura le courage, ce premier jour de tempête, de venir parler d'Elle, de venir rencontrer Lorette une dernière fois? Cette grande maison parsemée ici et là de quelques personnes échangeant à voix basse, les bouteilles de vin non entamées qui resteraient là jusqu'à Noël, les petits gâteaux qu'il faudrait donner avant qu'ils ne sèchent tout à fait tant il y en a, ce serait plus triste que le glas. Ce serait pire que tous les abandons réunis.

Mes soeurs et moi badinons sur le sujet, nous donnant mille raisons climatiques et circonstancielles pour expliquer et atténuer ces absences redoutées. Aucune de nous n'ose reconnaître que ce que nous craignons le plus, c'est que les gens ne tiennent pas assez à Elle pour se déplacer.

On sonne enfin! Sur le pas de la porte, la main sur la poignée, je demeure bouche bée, figée... Maurice, Rosaire et Claudine sont venus nous parler d'Elle. Maurice, Rosaire et Claudine, ce sont trois de ses infirmiers, venus, au nom des autres, nous dire qu'ils L'ont aimée. Leur présence parmi nous, c'est un peu son prolongement, sa trace vivante. C'est avec eux qu'Elle est morte.

C'est Maurice qui, le dimanche précédent, cinq jours seulement de cela, La prenait dans ses bras sans La quitter du regard, pendant qu'on ajoutait à son lit un matelas plus souple pour qu'Elle soit plus confortable. Il L'avait prise, comme on transporterait une fragile coquille d'oeuf, et je voyais, entremêlés à ces bras jeunes et forts qui La portaient, des jambes émaciées, des restes de vie, un petit squelette essoufflé. J'étais restée là, figée, à contempler ce tableau étrange et touchant, ce tableau de la vie portant la mort! Il me semblait qu'en La regardant ainsi, Maurice, qui avait l'habitude, guettait la mort, comme si cette manoeuvre avait pu suffire à rompre le fil ténu de sa vie.

Je suis si contente qu'ils soient là, leur présence suffirait à combler les cent absences que je pressens. Je n'ai pas le temps de revenir de ma surprise que l'on sonne encore. On arrive, de partout, à tout moment. Il y a du monde, beaucoup de monde... Cent personnes peut-être!

Des cousins qu'on n'avait plus vus depuis long-temps, des tantes, des amis très chers de Maman qui ont apporté des photos... Elle avait seize ans sur celle-ci... Comme c'est étrange! Elle était déjà si retenue!

Puis des amis, des collègues de l'université, des collègues qui auraient pu ne pas être sensibles à la perte que je vivais. Tout cela est si loin de la perfor-mance académique!

Des groupes se forment, s'installent dans toutes les pièces de la maison, par affinités. On parle d'Elle, on échange les photos, et je promène ses infirmiers d'un groupe à l'autre, je les montre comme des oiseaux rares: ils sont une partie d'Elle, derniers témoins de son souffle!

Les chaises pliantes ne suffisent plus, on s'ins-talle par terre, on étire son verre de vin, on se laisse couler dans le souvenir. Plus chaude encore est la tendresse qui nous entoure, nous, ses filles, que plu-sieurs, dans ce groupe, ont vues grandir. On vient de partout nous réchauffer, nous rappeler des moments heureux, ou simplement nous signifier qu'il est bon de ne pas être seuls quand les racines mères se détachent.

C'est une bien belle fête que ce vendredi soir de novembre. Dans la maison illuminée et vivante, sur cette rue sombre et déserte à cette heure-ci, circule une chaude fraternité, une brise remplie d'Elle et de ses traces.

Une vieille tante s'en va, son fils et sa femme... Quand donc les reverrons-nous maintenant? Puis les collègues, un à un... Les amis, les parents qui nous arrachent la promesse d'une visite prochaine.

Et puis...

Au revoir, Claudine, Rosaire et Maurice!

Il est minuit! Ils doivent partir; ils sont de garde demain matin, au 2300. Déjà, dans le lit numéro onze, quelqu'un a pris la place de Maman!